Tourism

旅游案例丛书



# 客房服务与管理案例选析

（第2版）

范运铭 编著

旅游教育出版社
·北京·

责任编辑：陈　志　李荣强

**图书在版编目(CIP)数据**

客房服务与管理案例选析/范运铭编著.—北京：旅游教育出版社，2000.11(2024.8重印)

ISBN 978-7-5637-0892-5

Ⅰ.客…　Ⅱ.范…　Ⅲ.①饭店-商业服务-研究　②饭店-经济管理-研究　Ⅴ.F719.2

中国版本图书馆CIP数据核字(2000)第36633号

**客房服务与管理案例选析**

**(第2版)**

范运铭　编著

| | |
|---|---|
| 出版单位 | 旅游教育出版社 |
| 地　　址 | 北京市朝阳区定福庄南里1号 |
| 邮　　编 | 100024 |
| 发行电话 | (010)65778403 65728372 65767462(真) |
| 本社网址 | www.tepcb.com |
| E-mail | tepfx@sohu.com |
| 印刷单位 | 唐山玺诚印务有限公司 |
| 经销单位 | 新华书店 |
| 开　　本 | 787毫米×960毫米　1/16 |
| 印　　张 | 10.75 |
| 字　　数 | 149千字 |
| 版　　次 | 2005年11月第2版 |
| 印　　次 | 2024年8月第8次印刷 |
| 定　　价 | 18.00元 |

(书如有装订差错请与发行部联系)

# 修订说明

旅游业和饭店业的快速发展，旅游教育规模的不断扩大，对旅游相关专业教材的建设提出了更高的要求。

案例教学作为一种行之有效的教学模式，在旅游教育领域得到不断推广。为满足中(高)等旅游相关专业教学对案例教材的需求，我社于2000年适时推出了“旅游服务案例教学丛书”。本丛书共包括《前厅疑难案例解析》《客房服务与管理案例选析》和《星级饭店餐饮服务案例选析》三本。

四年多来，该套案例丛书以其实例的生动性、评析的深刻性以及经验的可借鉴性，得到了广大在校师生和旅游从业人员的青睐。该丛书寓服务理念、管理理念于具体的案例之中，将理论与实践有机结合，对提高旅游相关专业教学质量起到了很大的促进作用。然而，由于旅游服务与管理理论和实践的不断丰富，正反两方面新案例的不断涌现，丛书的某些内容日显陈旧。因此，我社组织了原书作者对该套丛书进行了修订。

修订后的本套教材定名为“旅游案例丛书”，具有以下明显的特色：

第一，该套教材以旅游服务的实际工作为主要内容，围绕饭店前厅、客房、餐饮等一系列服务环节展开；每本一个主题，以实用性为特点，力求释难解疑、深入浅出、生动可读。

第二，为进一步突出案例教材的特色，修订教材减少了理论论述的内容；删除了原教材案例中的过时信息；增加了新的案例，特别是涉外服务以及一些国际性大饭店服务与管理方面的案例，以反映现代饭店业最新的行业动态、行业理念。

第三，书中每个案例都冠以简明扼要的小标题，并且每个小标题都直接出现在目录中，方便读者查阅。

本套教材不仅可以作为院校教学的辅助教材，也适用于旅游从业人员的在岗培训，还能对旅游管理人员和服务人员的实际工作起到借鉴和帮助作用。

我们已进入一个新的世纪，在新世纪参与国际竞争的中国旅游业，应该重在提高服务质量和管理水平。希望这套丛书的修订出版，能为我国旅游服务水平的提高做出应有的贡献。

旅游教育出版社

2005年6月

# 目　录

# 客房服务篇

饭店的基本功能是通过向客人提供配有餐饮及相关服务的住宿设施，来满足其旅居生活的需求。而客房则是客人旅游投宿的承担者，也是饭店经济收入的主要来源之一。客房初建时虽然投资大，但耐用性强，在一次销售后，经过服务人员的清洁整理，又可重复销售并获取收入。在客房的运营中，其成本和费用较低，其利润率可达70%以上。客房是饭店的核心产品，其管理和服务水平决定了饭店的等级和档次。

客房产品要满足客人需求，必须做到清洁、舒适、方便、安全、温馨。客房作为客人休息、睡眠的区域，必须为客人创造一个安宁的环境；同时，客房作为客人的私人领域，宾客们是不愿让别人在客房里干扰自己的私生活的。因此，要做好客房服务，客房部员工必须突出“真诚”二字，要实行感情服务，避免单纯的任务服务，用心细致，注重细节，把服务作为展示自己才华的机会，理解顾客当前和未来的需求，满足顾客要求，并争取超越顾客的期望。要做好客房服务，必须针对客房服务以“暗的服务”为主的特点，“见物如见人”，“润物细无声”，将服务工作做在客人到店之前或不在房内期间，让客人感到饭店处处都在为自己服务，却看不到服务场面的渲染，又如同在自己家里一样方便、称心，享受舒适、温馨的氛围。

案例 1

# 邮政大臣喝厕水

## 内容提示

× ×是某国原内阁最年轻的也是唯一的女性大臣——邮政大臣,她的工作经历却是从负责清洁厕所开始的。

## 案例正文

现年 41 岁的邮政大臣 × ×除了是某国原内阁最年轻的阁员外,也是唯一一位女性大臣。然而有谁能想象得到,她的事业起点却是从喝厕水开始的。

× ×的第一份工作是在某酒店当白领丽人,在受训期间负责清洁厕所,每天都要把马桶抹得光洁如新才算合格。可是自出娘胎以来她从未做过如此粗重的工作,因此第一天伸手触及马桶的一刻几乎呕吐,甚至在上班不到一个月便开始讨厌这份工作。但有一天,一名与 × ×一起工作的前辈在抹完马桶后居然伸手盛了满满一杯厕所水,并在她面前一饮而尽,以此向她证明经他清洁过的马桶干净得连水也可以饮。

此时, × ×才发现自己的工作态度有问题,根本没资格在社会上肩负起任何责任,于是对自己说:“就算一生要洗厕所,也要做个洗厕所最出色的人。”

结果在训练课程的最后一天,当她抹完马桶之后,毅然盛了一杯厕所水喝,而这次经历也成为她日后做人处事的精神力量的源泉。

## 评析

“角色”一词在中文指演员扮演的剧中人物,在英文中(role)还可作“任务”、“作用”的解释,因此角色就是指某一个人物在某一位置上发挥某种作用、完成某种任务的意思。作为饭店员工,无论是高级管理者,还是普通服务员,所扮演的都是服务角色。当然一个人在生活中作为社会人有多种角色,但一到酒店上班就统一成了服务角色,这种角色转换的实现并不是一件容易的事,所以国外有些饭店有一项不成文的规定,凡是到酒店的新员工都必须从洗厕所开始干起,只有通过这一关的人才能端正工作态度,实现角色的转换,“就算一生要洗厕所,也要做个洗厕所最出色的人”。本案例生动地介绍了 × ×是怎样通过这一道关口的。

国内的环境与酒店的涉外环境反差很大,特别是现在很多的青年职工都是独生子女，不少是家里的“宠儿”，有的甚至四体不勤、五谷不分，乍一来到酒店，很容易导致员工角色的模糊，把家里的角色自觉或不自觉地带到了酒店当中，以致一受挫折就无法忍受。酒店的新员工，包括转行到酒店的管理人员，不妨首先从负责清洁厕所的工作干起，丢掉面子，端正态度，真正进入酒店服务角色的正常状态，以担负起工作的重任。

**思考题**

1.你怎样理解自然人向社会人的角色转换？

2.通过本案例你有何体会？

3.你怎样理解“服务”的理念？

**案例2**

# 洗手间里翻花样

**内容提示**

公共洗手间常常被人们与“肮脏”两个字连接起来。上海某饭店二楼的洗手间服务员却用其真诚而细腻的服务给客人以清洁舒适的服务。

**案例正文**

在上海某饭店二楼某酒家用餐的3位福建来客中，有一位瘦高个子的英俊小伙子，看来喝多了点，讲起话来口齿已不大清楚。他经不住朋友的怂恿，又喝空了一杯，然后便蹒跚地朝洗手间走去。

客人还未走到门口，洗手间的门便“自动”打开，服务员小匡随即向客人问好致意。客人便后洗手，小匡主动打开水龙头，先后滴上两种不同功效的洗手液，旋即又递上小毛巾。这些动作衔接自然，配上诙谐的语言，使福建客人的醉意大消。

“先生今天用餐一定很愉快，”小匡打开另一条毛巾说，“请让我为先生在这块洁白如雪的毛巾上滴上四滴神奇的清凉液，保先生事事(“四”是“事”的谐音)如意”。话音未落，毛巾已经轻轻送到客人的手上。就在客人擦脸的瞬间，小匡已转身到了客人的身后，右手握着小巧玲珑的健身锤，不无幽默地说：“请允许我在先生左右两边用这把功效特好的小锤子轻轻敲上几下，把您一天的疲劳统统敲光。”一会儿小匡又抽出健身球，让球在客人的背部、腿部上下流动，亲切地对客人说：“先生现在一定有一种神仙般的飘飘然感觉吧。”几乎就在同时，小匡又出现在客人面前，取出一瓶清脑神液，“请再允许我在您的太阳穴上搽这种妙不可言的药水,包您万分舒适。好,先生,让我再在您的额头正中央也滴上一滴,效果将会更好。最后一滴我要搽到您神经系统高度集中的人中处。"所有这些动作都是丝丝相扣,一气呵成。

说时迟,那时快,小匡又迅速选出一把适合福建客人使用的木梳,再用刷子刷去客人衣服上的屑物,然后用电剃刀为客人刮胡子,用剪刀剪去伸出的鼻毛,接着是五花八门的化妆用品……福建客人正待举步要走时,小匡又从一溜儿鞋油中取出一支,蹲下给客人擦鞋。

"你在洗手间工作,何以这般卖力?"客人感到不解。

"孔子曰:'有朋自远方来,不亦乐乎?'来客都是我的朋友,我当然要为朋友热情周到地服务喽!"小匡笑着说。

## 评析

洗手间在公众心目中是难登大雅之堂的场所,洗手间的服务比较单一,五星级酒店也不过是有开龙头、递毛巾、拉门等常规动作而已,翻不出花样。而该酒家洗手间服务员小匡却在短短几分钟内见缝插针地献上一套接一套的服务项目,令人不敢相信这一切竟发生在洗手间里。(当然应针对不同对象,有节制地进行服务)

小匡为自己确立了一个由16个字组成的服务宗旨:"礼貌待客,热情服务,污垢不留,常保明净。"客人走进他的洗手间看不到一寸湿地,闻不到一丝臭气,小便池雪白,镀铬的冲水器光洁照人;一个个独立的小间由鲜艳的彩色塑料板隔开,也是光滑如镜;洗手台上各式用品琳琅满目,色彩斑斓。国际游客常抱怨我国卫生状况差,如果各地洗手间都能如此,那么也能达到国际水平了。

酒店业同行对该酒家的洗手间服务也是见仁见智。不少人提出在洗手间里还是让客人自由些好,这种观点也很有道理,但是本案例中小匡对待工作的热忱,以及在本岗位上刻苦钻研、提高服务质量的态度还是值得酒店从业人员学习的。

## 思考题

1.为什么说"洗手间是饭店的名片"?

2.小匡的服务态度为什么值得学习?

案例3

# 问候语惹怒了客人

## 内容提示

在充满文化和艺术氛围的旅游饭店中，服务员的接待服务工作理应富有艺术性，讲究技巧和灵活性。用语不规范会得罪客人，但如果千篇一律地追求规范，不考虑客人的内心需求，又会弄巧成拙，事与愿违。

## 案例正文

### [案例A]

### "您出去呀"惹怒了客人

这是一家酒店客房服务台，一位女服务员正在值台服务。这时，一位美国小姐从她的房间走出来，服务员一见，就用中文问了一句："小姐，您好！您出去呀？"这位美国小姐略通中文，她说："你说的'小姐，您好'我懂，那'您出去呀'是什么意思？"这位服务员解释道："我们平时见到朋友，习惯问'你出去呀，你去公园，你去工作呀，等。"这位小姐只听懂了几个词"出去，公园，工作"，其他就不懂了，立即翻了脸，说服务员侮辱她。服务员反复解释，由于语言不通，越解释客人越恼怒。一气之下美国小姐找到总经理投诉，说服务员侮辱她的人格，说她是去公园工作的妓女，要求饭店做出解释。总经理了解了事情真相，并代表酒店向客人道了歉。

### [案例B]

### "您好，先生"气走了客人

某宾馆一位姓王的常住客人最近突然从本宾馆迁到对面的一家饭店住宿。客房部经理知道后，亲自去拜访客人，问其原委，这位客人说："客房服务员是'鹦鹉'，每次见到我只会'鹦鹉学舌'地说'您好，先生'，而对面饭店客房服务员是'百灵鸟'，我每次碰到服务员时总能听到曲目不同的悦耳歌声，这使我心情舒畅。"

### [案例C]

### "请慢走"得罪了客人

一次，某位客人离开时，服务员礼貌送客，说了一句："请慢走！"没想到客人立即回敬她："小姐，你不是存心让我迟到吗？我赶着去开会，你请我慢走到什么时候？"弄得这位服务员很尴尬。

## 评析

1.饭店的服务用语是员工为客人服务、传递信息和情感、增进友谊的桥梁,也是饭店与宾客相互了解的媒介。服务人员在接待客人过程中,要注意使用规范的礼貌用语。特别是接待外宾,更要注意中文和外文用语在文化上的差异,否则会导致相互间的误解。有时候这些文化差异甚至令人难堪不已。美国小姐的投诉正是我们的服务人员用语不当(其本意是热情地与客人打招呼),触犯客人的忌讳而造成的。礼貌规范的服务用语标志着一家饭店的服务档次与水平。每位服务人员必须要强化外语培训,增强服务语言艺术修养,说好每一句服务用语,才能顺利与国内外客人沟通,令客人满意。

2.称呼客人的姓氏对客人来讲是一首最美妙的音乐。“您好,先生!”对初来乍到的新客人来说是一句很礼貌的问候语。但是,对常住客人来讲却显得陌生和疏远,难怪常住客人王先生会说服务员是鹦鹉学舌,突然就搬到对面的饭店去住了。此案例中服务员应把客人当老朋友看待,首先要注意称呼客人的姓氏“王先生”,并根据客人的职务、喜好、性格等特点说一些充分体现饭店关心客人、尊重客人且客人也爱听的话,如“王先生,您今天满面春风,一定是遇到了高兴的事情”,“王先生,今天天气很好,祝您万事如意”等等。另外,即使是使用同一句服务用语,针对不同年龄身份的客人,也应采取不同语气:年长者——尊敬;年轻人——亲切;年幼者——慈爱等。在不同的场合和时间,服务员在客人面前扮演不同的客人喜欢的服务角色,才能达到恰到好处的效果。否则,鹦鹉学舌、千篇一律,只能令客人反感和不快。

3.客人是有血有肉有感情的人,服务用语在不同的场合对不同类型的客人的运用上更不能犯教条主义的错误,简单地照搬模式语言,否则会造成客人的不快。“请慢走”本是一句礼貌用语,但是已经不太适应现代高效率、快节奏的生活方式,可改为“请走好”。正如“一路顺风”的祝愿语现在很少用的道理一样,因为现在旅客乘坐飞机的机会多了,飞机起飞要逆风而行,顺风起飞容易发生安全事故,因此改用“祝您平安”、“祝您旅途愉快”则更好。

## 思考题

1.服务用语有哪些种类?

2.服务用语的基本要求是什么?

案例 4

# 房内吃瓜　两种说法

## 内容提示

讲究语言技巧、注意使用礼貌用语是做好服务工作的关键之一,但语言仅仅是表达思想感情的工具,要想做好服务工作,还要以客人利益为中心来考虑问题和提出解决问题的方式。同样是客人在房间享用西瓜的问题,却有两种不同的结果。

## 案例正文

夏日炎炎,常有客人买西瓜回房间享用,瓜皮瓜汁极易沾染、弄脏地毯和棉织品,形成难以清除的污渍。于是,服务员 A 对客人说道:"先生,对不起,您不能在房内吃西瓜,会弄脏地毯的。请您去餐厅吧!"客人很不高兴地答道:"你怎么知道我会弄脏地毯,我就喜欢在房间吃。"服务员 A 再次向客人解释:"实在对不起,您不能在房间里吃瓜。"客人生气地说:"房间是我的,不用你教训。酒店多的是,我马上就退房。"说罢愤然而去。

相同场景下,服务员 B 是这样处理的:"先生,您好,在房间里吃瓜容易弄脏您的居住环境,我们联系为您切好瓜,您在餐桌旁吃,好吗?"客人答道:"餐厅太麻烦了。我不会弄脏房间的。"B 又建议道:"要么我们把西瓜切好,送到您房间?省得您自己动手,好吗?"客人点点头,说道:"那就谢谢小姐了。"

## 评析

两位员工的语言可谓"小同大异"。同的是两者都注意使用了礼貌用语(您、请……);意图基本上一致;都提出了解决办法。异的是两者的实际效果是天壤之别:A 令客人愤愤而去,扬言转换酒店;而 B 却使客人欣然接受了服务员的劝阻,并感受到了酒店细致入微的服务。

究其原因,在语言的表达中存在以下两个主要的区别:

1. 考虑问题的出发点不同。A 从客人在房间吃西瓜对酒店不利的角度来解释原因,使客人认为酒店只为自身着想,并不在乎客人的感受。而 B 表达出为客人的居住环境、为客人利益考虑的心愿,想客人之所想,服务就显得热情亲切。

2. 提出解决办法的方式相异。A 采用直截了当的方法,明确地告诉客人“不能……”似乎毫无商量的余地，使客人产生受强制之感。B的语言组织较为委婉，显出征询客人意见的关切之情。在客人固执己见的情况下，B能灵活地做出合理让步，既坚持了酒店不准让客人在房内开瓜的原则，又保住了客人的面子，满足了他的要求。

### 思考题

1.怎样理解语言是表达思想感情的工具？

2.试举例说明使饭店和客人双赢的语言技巧。

案例5

## 我要新的毛巾

### 内容提示

人上一百，形形色色。酒店的客人中，有不同习惯和爱好的人比比皆是。服务员小汤就遇到了一位爱挑剔的客人。

### 案例正文

一位中国台湾客人入住宁波市某酒店。行李员帮他把行李送进客房刚刚退出，服务员小汤就已提着一瓶开水走进房间。她面带微笑，把水瓶轻轻放到茶几上，主动询问客人：“先生，您有什么事需要我做吗？”台湾客人说：“小姐，请给我上一条毛巾。”“好的。”小汤满口答应。一会儿，她便用盆子端着一条干净的折叠着的毛巾来到客人面前，用夹子夹住毛巾，递给客人说：“先生，请用。”没想到客人却不高兴，责备道：“我不要旧的，我要没有用过的新毛巾！”小汤一愣，却不动声色，随即对客人表示：“对不起，我给您拿错了。”说完便出去换了一条新毛巾来，客人这才满意。

台湾客人泡上一杯茶——由于他喜欢浓茶，就用两袋茶叶泡一杯茶，并打开闭路电视，一边喝茶，一边看电视。茶冲过几次后，味道变淡了，他就把剩下的两袋茶叶另泡一杯。当他觉得茶味又不够时，发现茶叶已没有了。于是，客人打电话给楼层服务台，请服务员再送一些茶叶来。小汤很快就拿了几包同样的茶叶送给客人，没想到他大为不满：“我不要这种绿茶，我要喝浓一点的红茶！”小汤感到很委屈，但她丝毫没有流露，再次向客人道歉说：“对不起，我又给您拿错了。”接着又去换了几包红茶来送给客人。

此刻，客人也因两次对服务员发火而感到太过分了，连声向小汤道谢：“小姐，谢谢你，谢谢你！”脸上露出了一丝愧疚的神色。

**评析**

本例中客人显然是错了，因为他既没有说清楚要用新毛巾，也没有明确交代要换红茶，故小汤对客人的服务并没有错。小汤主动向客人认"错"，说明她对"把对让给客人"这句酒店服务座右铭有着正确的认识，值得称赞。

无论是新旧毛巾之别，还是红绿茶之分，客人一次又一次地无端指责小汤，这对小汤确实是非常不公的，而小汤却能自觉地承受委屈，用自己的委屈换取客人的满意，这正是服务员应努力达到的一种高尚境界。国内有些酒店在服务员中颁发"委屈奖"，这对鼓励员工为酒店整体利益承受委屈是有一定作用的。

当然，酒店在房间为客人配备低值易耗品时，应考虑到顾客的不同需求，根据物品价值原则，尽可能为客人提供较全的生活用品，使客人能自己动手满足其起居的生活需求。例如，现在有不少饭店在房间内就配备了红茶和绿茶两种茶叶以及电热水壶，同时注意客人的特殊需求，这样就能为客人提供更加满意的服务。

**思考题**

1.为什么要"把对让给客人"？

2.在为客人配备低值易耗品时，应考虑哪些因素？

案例 6

# 他们都是维修工

**内容提示**

两位德国客人不慎将酒水倒在了电控柜上，造成了房间线路的断电事故，按常规该房间只能封房维修两天才能恢复使用，但在某饭店客房部员工的努力下，5 分钟内房间就变成一片光明。

**案例正文**

某饭店南楼 205 号房是间长包房，住着两位德国客人，他们是一家合资企业的德方工程技术专家。一天晚上，两位德国客人从餐厅搬来一箱易拉罐啤酒及几个冷盘，各人坐在自己的床沿上，靠着电控柜兴致十足地对饮起来。两人酒量极好，一个劲地猛喝。不多时，喝空的易拉罐就堆成一大摊。突然，整个房间的电灯熄灭了，一团漆黑。原来是他们喝酒时不小心，打翻了一罐啤酒，酒水倒在电控柜台面上，顺着缝隙渗进柜内，造成了短路。此时,两位客人尚未喝醉,连忙摸到门口,打开房门,用略显生硬的汉语大声呼叫服务员。

当班服务员小严闻讯赶来,得知205号房发生断电事故,当即安慰德国客人,请他们放心,他一定设法尽快修复。小严马上跑到办公室,找到正在值班的客房部孟经理和主管小郑,报告了刚才的意外事故。孟经理和小郑二话没说,打开旁边一只工具箱。这只"百宝箱"里各种工具、用品及零配件几乎应有尽有。他们熟练地取出螺丝刀、手电筒、电工笔、电源接线板、电吹风等工具,赶到205房现场。

只见他们打着手电筒,麻利地拆下电控柜侧面的盖板,用干布、卫生纸把柜内的水分吸干,再从外面楼层引进电源接通电吹风,对准受潮处使劲猛吹,只用5分钟就吹干了,刹那间房间里一片光明。

"哦!"两位德国客人禁不住欢呼起来,连声道谢,并竖起大拇指一个劲地称赞。

### 评析

客房电控柜短路造成的断电事故在短短5分钟之内便圆满解决,这是极其了不起的。按常规,遇到类似事故只能封房,晾它两天以上,直到受潮部分自然干燥,但这会给客人带来麻烦,客房经济损失至少六七百元。该饭店的客房管理者和员工通过小小的"技术革新",便解决了这个难题,方便了客人,还带来了经济效益。

酒店客房设施设备的维修保养工作一般都是由工程部负责的,而该饭店的客房管理者和服务员工自己动手超常规地解决客房断电的意外事故,其先进的经验值得酒店同行学习和借鉴。

该饭店对客房部设施设备的维修保养有一套严格的规章制度和操作程序。从经理、主管到服务员工,遇到一般硬件故障都能自己动手及时排除。有的故障一时难以排除,就向客房部反映,尽量由部门调动力量自己解决,以缩短修理时间,提高客房服务效率。本例便是一个典型实例。

同时,客房设施设备得到及时的维护保养既可延长设施设备的使用寿命、节约费用,又能使客房部与工程部之间能更好地沟通。

### 思考题

1.为什么客房服务员也要掌握简单的维修技能?

2.怎样才能做好设施设备维护保养的工作?

案例 7

# 结账退房以后

## 内容提示

一位客人在早上 10 点办理了退房手续，但行李仍在客房内。接近中午，当他外出购物回到酒店时，发现自己的行李已不知去向。

## 案例正文

一位住在酒店内的客人某日中午要乘火车回乡，提前在上午 10 时到总服务台办理了退房手续。他认为在中午 12 时以前客房的使用权仍旧是他的，因此把整理好的行李仍旧放在客房内，没有和楼层服务员打招呼，便外出购物去了。

接近中午时，他回酒店准备取行李，谁知客房门开着，已有新入住的客人了。他发现自己的行李已不知去向，便到楼层服务员处询问，才知道行李已放到总台。

他找到楼层服务员，不料反而遭到一阵抢白："你既然已办理退房手续，为什么不和我联系？放在客房内的行李如果遗失，你不能怪我！"

客人听后很生气，反问道："你怎么能开房门让新客人进入呢？我的行李为何搬动地方了呢？"

楼层服务员申辩道："新客人是经过我和总台联系后才进去的，我好意把你的行李寄存在总台，有什么不对。"

客人听后很不舒服，下楼到总台提意见，谁知总台不记得这位客人已办理过结账手续，不同意把行李交出，经过一番折腾，客人离店时已经是下午了。他临行时愤愤地吐出一句话："我发誓，下次再也不住你们这个酒店！"

## 评析

本例中该酒店采用由楼层服务员为客人开房门的办法。由于总服务台和楼层服务台之间配合不够紧密，客人的行踪无法掌握，造成服务混乱。楼层服务员应当对客人退房离店的时间心中有数，事先主动和客人联系，以安排打扫和接待新客等有关事宜。

即使客人不通过楼层服务员而直接到总台结账，总台人员也应该主动和楼层服务员联系。如果客人不马上离店，酒店便不应急于打扫，总台也不应把新客人安排入住到该房间。当然,假如客人不想再进房间,且已把行李寄放到总台,那就另当别论了。

上述事例中,酒店的最大失误在于客人虽已办理结账退房手续,但行李仍放在房内,本人尚未最后离店。该客人对客房拥有使用权,不经客人允许将客人行李寄放总台,并把房间重复租给新客人是对客人基本权益的侵犯。

### 思考题

你是怎样理解客房服务员与总台配合的重要性的?

案例 8

## 客人离店被阻

### 内容提示

客人要退房结账时,客房服务员应做好查房工作,以确保饭店财产不受损失。但如何在尊重客人权利的前提下去查房是一门艺术。服务员小余和小赵把查房变成了审查客人的过程,使客人陈先生带着一肚子怨气离开了宾馆。

### 案例正文

一位40来岁的客人陈先生提着旅行包从北方某宾馆512号房匆匆走出,来到楼层中间拐弯处的服务台,将房间钥匙放到台上,对值班服务员说:“小姐,这把钥匙交给您,我这就下楼去总台结账。”看来,陈先生一定是有急事,需要迅速结账离店。不料服务员小余却不冷不热地阻拦他道:“先生,请您稍等,待查完您的房后再走。”说完便给同伴打电话。陈先生顿时显得十分尴尬,心里很不高兴,只得无可奈何地说:“那就请便吧。”这时,另一位服务员小赵从工作间出来,走到陈先生跟前,将他上下打量一番,又扫视一下那只旅行包,陈先生觉得受到侮辱,气得脸色都变了,大声嚷道:“你们太不尊重人了!”

小赵也不理睬,拿了钥匙,径直往512房间走去。她打开房门,进去不紧不慢地检查,从床上用品到立柜内的衣架,从冰箱里的食品到盥洗室的毛巾,一一清查,还打开电控柜的电视机开关看看屏幕。然后,她离房回到服务台前,对陈先生说:“先生,您现在可以走了。”陈先生早就等得不耐烦了,听到放行的“关照”,更觉恼火,待要发作,又想到要去赶火车,只得作罢,带着一肚子怨气愤然离开了宾馆。

### 评析

服务员在客人离店前检查客房的设备、用品是否受损或遭窃，以保护宾馆的财产安全，这本来是无可非议的，也是服务员应尽的职责。然而，本例中的服务员小余、小赵的处理方法是错误的。在任何情况下都不能对客人说“不”，这是宾馆服务员对待客人的一项基本准则。客人要离房去总台结账，这完全是正常的行为，服务员无权也没有理由限制客人的自由。随便阻拦客人，对客人投以不信任的目光，这是对客人的不礼貌，甚至是一种侮辱。比较妥当的做法应该是：

1.楼层值台服务员应收下客人钥匙，请他下楼结账，并立即打电话通知总台服务员。总台服务员在结账时有意稍稍拖延时间或与客人多聊几句，如：“先生，这几天下榻本店感觉如何？欢迎您提出批评”，“欢迎您下次光临”，或者在查电脑资料时放慢节奏等等，意在让服务员有足够的时间检查房内物品有无缺损。

2.客房服务员也应积极配合，提高工作效率，迅速清点客房设备和用品，重点检查易携带、可供消费的用品，如浴巾、冰箱内的饮料、食品等，随即将结果报告楼层服务台，值班服务员则应立即打电话转告总台。

3.总台服务员得到楼层服务台平安无事的信息，即可为客人了结离店手续。

总之，这一连串的活动都应环环紧扣，在极短的时间内完成，同时又必须保持对客人的尊重。

当然，不管怎样讲求查房技巧，只要查房对客人的自尊心就是一种伤害，所以，有的饭店，特别是高星级饭店开始尝试取消查房制度。这些饭店的管理者认为：随着人们经济生活水平的提高，饭店的用品被带走的可能性减少，不查房，会使饭店的物品受到一定的损失和损害，但如果损失和损害所占的百分比小，饭店为什么不能因大失小呢？用饭店物品的少量损失，换来广大顾客的尊重和快捷的服务，这正是饭店长远利益之所在。

### 思考题

1.为什么查房是对客人自尊心的一种伤害？

2.怎样才能兼顾客人的自尊心不受伤害，同时饭店利益也不受损失？

案例 9

# 褥垫上的污渍

## 内容提示

客房服务以"暗"的服务为主,它是指客房服务的许多工作都是在客人到来之前或不在房间时进行的,客房的清洁整理工作更是如此。如果客房部的员工不能自觉地随时把自己的工作置于客人的监督之下,就会犯某实习生的错误。

## 案例正文

北京某四星级饭店的客房部这几天接待洽谈会,客人非常多,所以客房服务员清扫房间的任务很大。某实习生正在一间走客房内做床,他急急忙忙撤下单子,发现褥垫上有块污渍,因为还有许多间房要做,也顾不得把褥垫翻转,就把干净单子往上一铺,便开始包单子了。这间房整理好后,该实习生离开了房间。正巧,这间房饭店作特用,用来接待 VIP 客人。客房部经理亲自来检查房间,发现了褥垫有污渍,十分生气。他说:"不管是什么样的客人住了这间房,若发现床单下铺着有污渍的褥垫,都会影响情绪,休息也不会安心,影响舒适与安全感。很可能使其在北京的整个旅程不愉快,甚至会拒付房费。失去客人,饭店还要蒙受损失,这后果是严重的。"立即责成楼层领班、主管派人撤换褥垫,并追查责任人,要求此服务员作深刻检查,认真认识此事,并给予服务员以处罚。

## 评析

1.客房的清洁卫生是住店客人最敏感的问题。客房的许多设施与用品都是直接与客人身体接触的,必须保证清洁卫生,才能保障客人的身体健康。所有客人在住店期间都希望有一个清洁卫生的舒适环境,客房服务员清扫房间时一定要认真仔细打扫,保证该房间的清洁卫生。

2.为满足客人住宿要求清洁的心理,服务员在清扫房间时,必须严格按清扫程序和卫生标准来操作,不允许有一丝一毫的马虎,更不允许自主减少清扫程序。若只做表面文章,而不彻底清扫整理,一旦客人发现不清洁的地方,就会有像经理所分析的后果,危害是严重的。

3.此案例中的实习生因为工作忙而未按规定标准来操作是错误的,再忙也不能不按标准操作。按该饭店规定,做床对褥垫的标准是这样的:撤掉脏单后，要检查褥垫，若褥垫没有污渍，可按规范做床；若褥垫上有污渍，则应将褥垫翻转面，再铺单做床；若褥垫两面都有污渍，应将这个褥垫撤掉换新的。

这位实习生做床时就少了这个程序，使做的床未达标，从而使整个房间成了次品房，因而受到处罚是应该的。

通过此例，我们可以看到客房清洁整理工作中的标准化、程序化是工作的重点，每位员工要以高度负责的态度严格按标准操作，才能保证每个房间达标，才能使客人安心愉快地生活。

### 思考题

1.试述客房清扫的操作规范。

2.客房员工应有什么样的责任和工作态度才能做好客房服务工作？

案例 10

## 客人要取遗留物品

### 内容提示

客人在住店过程中随身携带的小件物品、换洗衣物等，由于种种原因，常有丢失或遗留的情况发生。组织全国性的会议会务人员刘先生将一双洗净的袜子遗留在已搬迁的508房，等他想起时，508房已住进了新客人，他只好请服务员帮忙了。

### 案例正文

1998年夏的某天下午，上海某旅游研究机构的刘先生与一位同事因组织一个全国性会议，入住山西太原一家大酒店的508房间。由于代表报到踊跃，报名人数一再突破，使本已排满的客房压力骤增，于是几位会务人员决定采取“紧缩政策”，连夜搬出各自的标准房间，挤进一间套房凑合。由于那晚刘先生搬迁匆忙，把一双洗净的袜子遗留在客房卫生间里。第二天想起后，他便直奔508房取袜子，正好房客不在，这样，他就只好请服务员帮忙了——当然他知道，现在他已失去该房主人的身份，要取遗物，并不那么简单。不过东西还是要取的，顺便也想看一下服务员是如何处理这个特例的。

他找到楼层服务员——一位朴实而秀气的山西姑娘，请她打开508房取件东西。只见她和颜悦色地点了点头，随即请他出示住房卡，他连忙向她解释了原委，说明自己是昨天曾入住的会务组工作人员，那姑娘表示知道这件事，接着她问清他要取的是晾在浴巾架上的一双灰色丝袜后，便爽快地把他领到508房门口。当她打开房门后，刘先生试着想跟她进房，立即被她礼貌地制止，请他在门外稍候。接着她进房转进卫生间，很快手拿一双灰袜子出来，问他是不是这双，他一边称是，一边连声道谢。那姑娘将袜子交到刘先生手里后，只是平静地说声“不用谢”，随即出来关上门，道别后就往服务台去了。

## 评析

山西这家大酒店的服务员小姐体现了比较完美的客房服务水准。第一，服务员先请客人出示住房卡，以便确认其房主身份后再开门。第二，当她得知客人(会务人员)昨晚在客房遗留物品(普通的袜子)这一特殊情况后，并没有死抠住房卡不放，而是根据情况，站在客人的立场上，积极为客人排忧解难，去开门取物。第三，为了尊重客房主人，并保障他们的利益，服务员又很有原则地阻止了并非房主的客人进房。最后，当客人的遗留物品得到确认后，她便果断地将物品归还客人。这样，既及时满足了客人领回原物的愿望，又符合酒店的有关规定。这样处理，每一个环节都合情合理而又无懈可击。

当然，山西服务员小姐也完全可以循规蹈矩，拒绝为刘先生开房取物，请他等候房主回来后再过来取，而且这样处理也没有错，完全合乎酒店规范，客人也无话可说，但缺点是给取物客人带来了不便。相比之下，还是上述处理方法更好，因为它抓住了酒店规章制度的精神实质，根据具体情况作了灵活处理。山西服务员姑娘在确认了取物客人的身份、又判断其不可能为一双普通的袜子“冒领”的情况下，亲自为客人开房取出遗留物品，这种做法是十分积极而稳妥的。

这家饭店清洁整理房间工作的缺点也是应该提出的。一是晾在浴巾架上的灰色丝袜比较醒目，但由于清扫程序混乱或责任心不强，卫生班服务员就没有发现；二是领班是否查房或认真查房值得怀疑。一双位置明显、且经过两次检查(服务员的自查和领班的检查)的袜子是不应该继续晾在浴巾架上“迎接”新客人的。

## 思考题

1.为什么说山西姑娘体现了高水准的服务？

2.试述客房遗留物品的处理程序。

案例 11

# 明察秋毫——“不可能”的结局

## 内容提示

某中央剧团的成员即将离店启程，却发现装有价值万元的项链数条的首饰盒不见了，客人心急如焚，饭店声誉面临受损。

## 案例正文

清早，誉满国内外的某中央剧团即将离店启程。在剧团启程前一个小时，客房部经理突然接到剧团一位成员的电话：她放在行李箱中的一个首饰盒不见了，内装有上万元的项链数条。客房部经理心里咯噔一下，知道如果此事不能尽快圆满解决，势必对酒店声誉造成不可挽回的损失。他马上会同保安部主管及客房部主管赶往客人的房中，只见房中的行李早已被心急如焚的客人翻得七零八落，客人此时不停地嘀咕道：“有服务员进过我的房，每天都有服务员进我的房。”其神情甚为沮丧，客房部经理知道此时进行解释将是毫无作用的，所能做的就是将事情尽快查个水落石出。随后客房部经理开始了解情况，但客人一提到项链，又陷入了自言自语中：“那些项链都是我老公从巴西带回来的，别的东西和钱都没有少……”客房部经理适时地接话道：“是啊，钱丢了还好说，但这个东西是拿钱都买不到的，请您一定要相信我们，配合一下好吗？”客人深埋的头一下子抬了起来，投向客房部经理的目光中第一次闪过了一丝信任，“我是前天 10 点钟最后一次见到首饰盒，然后……”在客人接下来的陈述中，客房部经理初步确定了项链丢失的时间和范围。与此同时，客房部经理等人手里可没闲着，大家迅速地将房间查找了一遍，甚至连空调口、天花板都不放过，结果却令人失望。这时，客房部经理一方面查对客房部服务员的进房记录，一方面请保安部查看近日监控录像，然后向客人道：“我知道您还要赶时间离店，您看我们现在帮您把行李收拾起来，请您仔细地将物品再查找一遍好不好？”客人勉强点了点头，但仍道“不可能找到了”。于是，客房部经理安排客房部主管陪客人收拾查找，自己赶回大堂提取房间电脑门锁记录。当客房部经理返回时，被告知仍一无所获。此时，客房部经理环顾房中，发现沙发上的一个手提袋仍同刚才一样原封不动地放着，赶紧插上一句：“您刚才有没有再看一下这个袋？”客人头也不抬地道：“那是我昨天刚买的鞋，肯定不会放在里面。”客房部经理坚持道：

"反正那么多东西都查过了,要不您再看一下吧!"客人极不情愿地站起来,一面打开袋子一面道:"不可能的,不可能放在……"客人的手停住了,首饰盒正塞在鞋盒里!

接下来的一幕是极其感人的,客人连声说:"真是太麻烦你们了!我谢谢你们……"客房部经理道:"只要找到了,再麻烦也不怕。"此时距客人出发时间仅剩10分钟。

### 评析

又是重点接待又是贵重物品,再加上客人赶时间,构成了此事的严重性和紧迫性。客房部经理首先以务实的查找行动继而以真诚的交流取得了客人的信任和配合,此时如以推诿的言语或回避责任的态度应对,势必引起客人的不满,事态必将恶化。在查找中,客房部经理的细心和经验起了至关重要的作用,结合客人反映的"别的东西和钱都没少"的情况判断极有可能是客人忘了项链放在哪里。发生这种情况的大多是贵重物品,客人收拾时唯恐放得不隐蔽,但愿"贼"都找不着,结果自己反而忘了放在何处,急中寻找更是难上加难。客房部经理通过敏锐的观察,发现了查找的盲区,哪怕客人自认"不可能"的地方也不肯轻易放过,最终及时为客人找回失物,用实际行动为酒店挽回了声誉。该客房部经理处理"丢失物品"的高明之处在于:

1. 得知客人遗失物品后首先没有回避责任,而是以同情与理解的态度宽慰客人。

2. 竭尽全力,认真负责,仔细寻找,明察秋毫。

3. 在寻找过程中,越是不可能、不太容易藏的地方越要多寻觅。

### 思考题

住店客人物品丢失的基本处理程序和标准是什么?

案例12

## 公寓房来了一家日本客人

### 内容提示

公寓服务与管理已成为饭店服务与管理的一项新内容,青岛某宾馆通过接待山本夫妇一家形成了自己的行之有效的公寓服务方法。

### 案例正文

改革开放以来,日本商人到山东青岛市的不少,有的还携妻带儿,"阖第光临”。这就使一些大酒店把眼光对准了东瀛客人,调整经营项目,着手设计新产品。名闻山东半岛的某宾馆及时向市场推出长公寓房,特别受客人欢迎。

20世纪90年代的某日,宾馆接到一位姓山本的日本电气工程师预订一套公寓的传真。宾馆领导就召集有关部门专门研究接待事宜。传真说,山本先生的夫人以及他们未满周岁的小男孩一起下榻酒店。对于长期以来一直以接待团队与散客为主、公寓分散在若干不同地段的宾馆来说,如何接待好带家眷的外国客人成了一个新课题。由于这对酒店开拓经营新路子有着举足轻重的作用,所以酒店领导认为有必要慎重对待。于是,一场前所未有的准备工作在酒店内铺开了……

一周后,山本一家准时抵达酒店。客人办好手续后怀着新奇的心情步入房间,令他们大为诧异的是这儿完全是日本的气氛和环境。走入房门便是一个典型的日本式衣柜,仔细审视可以发现,它是由中国式的大衣柜改装而成的。门口还有一个鞋柜,据引领他们进房的一位主管说,这是参照了许多日本杂志后特意让酒店工程部定制的。家具和装潢都呈现出日本风格,难怪客人一进房间便连连称妙。

妙的还不止这些。山本夫人走进房内便径直朝转角沙发走去,原来是色泽素淡但花团锦簇的套子把她吸引住了。她喜欢这颜色,也喜欢这花样,又是坐,又是摸。主管告诉她,沙发原先没有套子,为了定制这个套子,他们查阅了许多日本装潢布置杂志,最后还征求了住在另外大酒店的一位日本女士的意见,经过反复商讨,才定下这个方案。

最使山本夫妇叫绝的是房内满铺的厚实地毯和厨房里的长条柳安地板,显然都是才添置和新铺就的,目的十分清楚:这是为防止牙牙学语、还不会走路的婴孩跌跤摔痛而采取的安全措施。厨房里还摆有一台崭新的日制洗衣机、内部报警电铃等。主管告诉他们,酒店特为他们配备了专职服务员……

山本夫妇不由得称赞道:“真的好像又回到了家里!”

## 评析

青岛某宾馆多年来主要接待团队与散客,像接待山本先生一家长包公寓客还是该宾馆建店以来第一次,搞好这次接待工作对于酒店日后开拓经营路子意义重大。

据酒店领导说,他们首先考虑到山本夫妇是以家庭的形式到酒店做客,所以在房间的装潢布置上力求让客人感到这儿是“家外之家”。他们不遗余力地把公寓房“打扮”成典型的日本样式,果然,客人一进入房间便有好感。

为了达到预期效果，酒店领导不厌其烦地查阅杂志，并且专程前往别家酒店了解日本人的正宗口味，其态度之真诚、用心之良苦，令人折服。

宾馆的细致周到还表现在对孩子无微不至的关心上。厨房地面原是地砖，为怕孩子摔伤，特意改换成柳安地板，难怪客人会自心底发出“又回到了家里”的赞语。

当今长包公寓客越来越多地出现在各大酒店里。宾馆把在酒店努力创造温馨亲切的氛围、尽可能投其所好作为接待好长包房客人的第一步，是十分正确的。一家酒店如能换位思考，在服务内容上刻苦钻研，就一定会有积极的效果。

### 思考题

1.为什么说酒店如能“换位思考”，才会为客人提供温馨的服务？

2.对公寓客人服务有何特点？

案例 13

## 长长的菜单

### 内容提示

青岛某宾馆努力创造温馨亲切的氛围，为长包房客提供“家”一样的服务，迎来了更多的长住客人。武宫夫妇一家又包租了一套濒临大海的公寓房，开始过起愉快的家庭生活。可是武宫夫人初到中国不会讲汉语，上街买菜让她着实犯愁。几名热情的公寓服务员为她解决了难题。

### 案例正文

青岛某宾馆不像大多数酒店那样集中一处，而是分散在各个地方，相距还挺远的哩！其中有一处濒临大海，那就是青岛市颇有名气的海滨公寓。

某天，一对姓武宫的日本夫妇来酒店要包租一套公寓房，酒店就介绍他们到海滨公寓去看看。

武宫夫妇一见公寓便喜爱上了，当场决定下月 1 日便搬来此地。

武宫先生是日本某银行职员，按日本习惯，妻子在家操持家务，照料丈夫。自他们入住海滨公寓后，两口子开始在我国著名海滨城市青岛过起了家庭生活。

武宫夫人贤淑温文，丈夫上班时她忙这忙那，把家里整理得井然有序，丈夫回家,一切安排妥帖,生活甚是融洽。武宫夫人初到中国,不会讲汉语。“你是如何去买菜的?”武宫先生大惑不解。

“那还不简单?”妻子捂着嘴嫣然一笑说,“这里的服务员给帮的忙啊!”

原来武宫夫人开始的确曾为上市场伤过脑筋,一则语言不通,无法交流;二则菜场上菜品种太少,武宫夫人常为买不到丈夫爱吃的菜而犯愁。此事让公寓服务员知道了,他们主动提出帮她代买小菜。这位武宫夫人很有意思,与服务员搞熟后干脆每天早上给他们一张单子,上面列着长长一大串当天要买的菜名。因为只有夫妻俩,且胃口都不大,所以每个菜的数量都极少。也许日本人习惯于定量概念,买番茄,旁边一定注上 1 只或 2 只,青菜则写上 3 棵或 4 棵,鸡蛋则标上 2 只等。服务员看到都觉得有趣,他们想日本人大概就是这样买菜的。几名服务员都喜欢为武宫夫人做事。只要谁干完日常卫生工作,便马上赶到武宫夫人房里,要来这份菜单便直奔菜市场。菜送到夫人手里时必然还伴上那份菜单,只是上面多了几个内容:单价、重量和价格。

整整一年多,武宫夫妇包下了海滨公寓的一套房间,服务员则不间断地包下了武宫一家的买菜任务。服务员诙谐地说他们这是“公平交易”。

### 评析

对于长包房客人,他们最需要的是方便、安全和温馨。青岛某宾馆几名服务员一年多来坚持轮流为武宫夫妇上街买菜正是酒店服务宗旨的反映。

这份差事看似简单,其实十分繁琐、细致。为客人买菜绝不是酒店服务规范内注明的内容,该宾馆中员工考虑到武宫夫人因语言障碍,上街购物不便,便主动揽过了这份活,显示了员工主动服务的精神。偶尔为客人买一二次菜在酒店里尚不罕见,坚持连续一年多就十分难能可贵了。

在服务过程中,酒店员工还能每天在菜单上标明单价、重量与价格,更显现了他们坦诚无诈、为客人全心全意服务的崇高精神,从一个侧面反映出酒店的文明面貌。

正是由于酒店员工的热情和诚实,武宫夫人才在该宾馆一住便是一年多,可见,优质服务会给酒店带来良好的经济效益。

### 思考题

1. 长住客人有何特点?怎样才能做好长包房的服务?

2. “饭店无小事”,从本案例中你有什么样的体会?

案例 14

# 消除误解——拒付洗衣费引出的故事

## 内容提示

客人王小姐拒不承诺有 108 元的洗衣费用,而且洗衣单上的签字也不是王小姐的。

## 案例正文

长住房 525 房客人王小姐在结账时,反映去年 12 月 10 日并没有送洗衣服,却有 108 元的洗衣费用,而洗衣单上的字迹也不是她自己的,怀疑是酒店弄错房号,因此拒付洗衣费。接到客人反映后,客房部郑经理立即展开调查,他考虑得比较周全,先查看了客衣记录,证明当天上午 10:45 该房确实送洗过衣服;又查了洗衣房,也证实当天洗过这间房的衣服。由于事情隔了一个月,负责此房的服务员和客衣员均已回想不起当天的细节。可是既然有送洗衣服,洗衣单上的字迹又不是客人的,那字迹会是谁的呢? 经认真辨认,确认洗衣单上字迹是当值督导小蔡的。

原来那天上午,王小姐上班后突然生病返回房间,公关部小李得知后叫上客房部当值督导小蔡一同到房间探望客人。王小姐忽然想起几件衣服还未送洗,便拿出了要送洗的衣服,这时酒店的医生到了。王小姐放下手中的衣服,让医生看病,医生诊断后决定给王小姐输液,并让小蔡帮忙到医务室取针药。小蔡回到房间时,王小姐已躺在床上做好输液准备。小蔡找来暖水袋垫在王小姐露在被子外边的手下面,还通知服务中心送来了她最喜爱的白玫瑰花。一阵忙碌后,小蔡发现那几件要送洗的衣服还未送洗,再望望王小姐,她手上插着针,眼睛闭着,可能已经睡着了。为了不打扰客人,小蔡决定在没有客人签名确认的情况下,代填洗衣单并送洗衣服。

当公关部小李向王小姐讲述了那天的情景后,王小姐不但立刻回忆起来,还连声道谢,并为自己的误解表示歉意。

## 评析

一次误解,引出了一段细心周到服务的故事。服务中出现客人误解的事情是难免的,即使是细微服务也不例外。只要员工的出发点是为客人着想,并且按规范操作,误会总会消除的。

当然,洗衣单因特殊情况客人无法签名确认时,可由服务员代劳,但在事后应及时向客人说明。

### 思考题

服务时，当饭店与客人之间有误解时应怎样处理？

案例 15

## 不能让客人把遗憾带走

### 内容提示

一位退房的客人从北京打来长途电话，称她的一枚翡翠戒指遗留在了曾住过的成都某宾馆 863 房间，要求赶快帮助寻找。可是客房部的员工翻遍了整个房间，仍不见翡翠戒指的踪影。能让客人把遗憾带走吗？宾馆的员工用自己的深情与汗水圆满地回答了这个问题，让客人深深地体验到了什么是“五星”服务。

### 案例正文

10 月 5 日夜 9 时许，成都某宾馆客房部小吕正在楼层值班，服务台内骤然响起电话铃声。他忙拿起电话，听筒里传来客房部值班经理急促的声音：“今天下午退房的 863 房客从北京打来长途，说她遗留了一个翡翠戒指在房内，让我们赶快去找一下，她还在北京等消息。”

客情就是命令，放下电话，小吕三步并作两步迅速冲上 8 楼。此时，服务员刘姐和小邓已经等在 863 房内了。小邓简短追述了下午 863 房的退房情况和做卫生时的情况，说她当时并未发现有遗留的戒指。

“客人还在北京等回话，大家快些再找一遍。”服务员刘姐边说边打开房间内所有的灯具，顿时房内灯光明亮。大家对可能会藏下一枚戒指的地方都一一搜索，行李柜后、抽屉内、卫生间的边边角角，甚至床下、床后全不放过，但哪里有戒指的影子。

正当大家准备放弃寻找时，刘姐腰间的 BP 机不停地呼叫起来，服务中心来电话说客人在北京非常着急，已经催促了几次，并说客人想起当时她是将戒指包在一张卫生纸内的，可能随手将它扔到垃圾内也说不定。

“对，还有垃圾尚未翻过。”三位服务员不约而同地想到了一起，于是他们迅速走出房间，快步向北头垃圾井走去。

北头垃圾井边灯光昏暗，打开垃圾井门，黑漆漆、深深的井道内散发出刺鼻的臭味儿，大家都不约而同地皱了皱眉。但一想到北京客人焦急的心情,他们也顾不上许多了。小邓挽起袖子戴上手套,从垃圾中找到当天送来的那一大袋垃圾。小吕和刘姐也弯下腰,伸手拨弄起大袋中的一些小袋垃圾。"这袋是863房的垃圾我记得很清楚。"小邓肯定地说,"好,快些倒出来找。"小袋中的垃圾被一件件地摊放在地上,橘子皮、柿子皮、污水和着烟灰糊满了的报纸,大大小小的纸团还真不少。筛选过的垃圾越来越多地放到了一边,一个个纸团被打开,但客人的戒指在哪里呢?

找到最后一个纸团,三位员工艰难地直起腰,凑近窗户,猛吸了几口新鲜空气。"如果真的找不到,只有尽快向客人如实反映了。"小邓说……刘姐望着垃圾默想:"如此贵重的东西丢了,客人是不可能乱说的,即使记忆不准确,但它肯定还'藏'在我们客房的某个角落里。"

"会不会扔垃圾时,有些小东西掉到大垃圾袋中了?"小吕提出她的看法。刘姐恍然大悟,马上说:"有可能。再在大垃圾袋中找找看。"一声令下,他们三人再次弯下腰来,将大垃圾袋中的垃圾一件件地摊开在地上,继续寻找。突然,小邓轻声"啊"了一声。小吕和刘姐的目光几乎同时投在小邓那戴着红手套的手上,一个五分钱大小的纸团映入眼帘。只见小邓轻轻地剥开上面的一层卫生纸,一枚很大的翡翠戒指在昏暗的灯光下闪耀着夺目的光芒。

"找到了,找到了。"小邓欢喜雀跃。刘姐一手轻拭着脸颊上的汗水,一手接过戒指,像是埋怨一个淘气的顽童道:"戒指呀戒指,你再不出来,真要把人急死了……走,快给客人回电话去。"

## 评析

成都某宾馆客房部员工掏垃圾找戒指的事,当晚就报到了宾馆值班总经理那里。当时正与总经理交谈的美国某集团亚太地区副总裁孙小姐听了此事后,非常惊讶地问总经理:"客人扔进垃圾井的东西都能找回来,你们宾馆是怎样培训员工的?"其实类似客房部员工掏垃圾井找寻遗失物品的事,在该宾馆不胜枚举。该宾馆作为一家五星级的饭店,正因为有了一大批这样思想品德高尚、服务技能精湛的员工,才获得了由美国优质服务业协会(AAHS)颁发的享誉全球的五星钻石奖和国内多项质量大奖。

"五星"饭店到底该是什么样的服务标准,恐怕专家们能说出很多条款,除硬件设施够"五星"标准外,主要是加强软件建设。这便是提高对客服务的质量,以"诚"和"信"去满足每位顾客的特殊需求,创造饭店的忠诚顾客。这个问题虽然是老生常谈,但说起来容易,做起来难。客人遗失东西,应该说翻遍整个房间,饭店便已尽到了责任,完全可以向客人交差了事。但是该宾馆的员工却有一种信念:"不能让客人把遗憾带走。"三位客房服务员不顾黑漆漆地散发出刺鼻臭味的垃圾井有多脏、多臭、多令人恶心，急客人之所急，终于使客人的翡翠戒指失而复得，使客人感受到了我国高星级饭店那种以顾客满意为中心、想方设法恰到好处地为客人办好每一件事的服务精神。这正体现出跨入21世纪的我国现代饭店的服务特色。

### 思考题

该案例中的三位服务员体现了一种什么精神？为什么？

案例16

## 李先生的“家”

### 内容提示

成都某宾馆是一家五星级的旅游饭店，美国优质服务业协会（AAHS）向宾馆颁发了享誉全球的宾馆五星钻石奖。这是首家中国人自己管理的饭店获此奖。宾馆是如何获得此项优质服务大奖的呢？从宾馆常客李先生的感受和经历中可见一斑。

### 案例正文

常言道：“在家千日好，出门一日难。”这句话说出了出门在外的诸多不便。但作为宾馆常客的李先生入住宾馆期间，因得到服务员体贴入微的照顾却感受到虽然出门在外却仍像在家一样的温馨与舒适。

第一次入住贵宾楼689房，偶然的一件小事给他留下了深刻的印象。退房之前，李先生买了一些水蜜桃准备带走。为了方便携带，他找到服务员要求给桃子装箱。服务员很快找来一个牢固的箱子，可是水蜜桃娇嫩易损，就这么放进箱里，经过一路的颠簸，肯定会面目全非。这时细心的服务员又找来一些旧报纸，将每个桃子用报纸包好，整整齐齐地排放在箱内，然后用封口胶将箱子牢牢地“武装”了起来。当这个简单而又不失美观的箱子送到李先生手中时，他被服务员的认真负责感动了，对他们的心灵手巧大加赞赏。从此，李先生也成了贵宾楼六楼的常客。每来一次，他都会在这里得到一份新的感受、新的惊喜。

由于每次入住的时间较长，李先生往往携带大量的衣服，房间提供的衣架远不够使用，于是他向服务员提出多备一些衣架，这个小小的要求却让有心的服务员记在了心里。前不久，当他再次入住689房时，惊喜地发现足够的衣架整整齐齐地挂在了衣橱里。一个小小的变化让李先生感受到的是

"家外之家"的温暖。

### 评析

衡量饭店优质服务的最终标准是客人和社会的满意程度，顾客对饭店的服务规范并不一定了解，他们常常是以自己的主观感受来评价饭店服务质量的优劣。宾至如归感正是优质服务的主要标志。所谓宾至如归，是指顾客入住饭店像在家里一样方便和温暖，同时又享受到家里没有而饭店特有的氛围。李先生离店前买了一些水蜜桃要带走，贵宾楼的服务员细致周到地为水蜜桃包装，既给了李先生惊喜，又使其感受到一种体贴入微的温暖，这是饭店特有的氛围；李先生提出多备一些衣架，当他再次入住689房间时，足够的衣架整整齐齐地挂在了衣橱里，从而使他感到689房间就是自己的家。

点点滴滴似乎微不足道，但正是这一点一滴，才使饭店的服务充满了无穷的魅力。服务是一种艺术的再创造，只有优质服务才能让离家的客人享受到宾至如归的温馨与舒适。

### 思考题

李先生住在宾馆，为什么感受到的是"家外之家"的温暖？

案例 17

## 客人没去餐厅

### 内容提示

两位会议客人中午没有去餐厅就餐，标准的普通话也听不大懂，而且汉字也不会写。杭州某饭店服务员小钱凭着她的责任心和经验，为客人提供了优质的服务。

### 案例正文

中午吃饭时间已到，前来杭州某饭店参加医疗器械试销会的近百位客人已陆续进入餐厅，3个楼层的说话声渐渐小了起来。

13楼白天值班的是服务员小钱，整个上午她几乎没有停过。试销会上午散会后，她一连接到好几个电话要这要那，她解决了好几位客人提出的要求，此刻走道上终于安静下来了，小钱这才舒了口气。她刚回到值班室，忽然想起住在1309房的两位客人似乎没有随着人流去餐厅。因为那两位客人的穿着与常人不一样，他们讲的话似乎也不是汉语，刚来时是她送他们进房间的，当时便曾引起她的好奇。现在想到那两位可能是少数民族的客人没去用餐，小钱坐不住了，她起身往1309房走去。

电铃响后，门内果然传来脚步声，开门的是那位年纪较大的客人。

"请问，有什么事要我效劳吗？"小钱心想他们没去餐厅可能因为江南的饭菜不合口味，所以她主动询问。

那两位客人果然不是汉族，他们竟然连小钱的标准普通话都听不懂。小钱看到他们木讷的模样，开始着急起来，不知如何是好。正无奈间，突然来了灵感，她取出放在口袋中的纸笔，请客人把要讲的话写在纸上。岂知，他们连汉字也不会写，那位年长的客人接过笔，对着白纸看了一会后，便在纸上画了一个蛋。小钱明白了，他们想吃蛋。她打了个手势，示意他们稍待片刻，然后转身便走出房间。她马上与餐厅联系，让他们为客人做两份炒蛋，可是饭菜送进房时两位客人连连摇头，这下可真难倒了这位曾数次被评为优秀员工的小钱。正在她一筹莫展之时，1307房的客人用完午餐后回来了，他们告诉小钱，那两位客人是清真教徒，上午他们看到过那两位教徒兴致勃勃地吃水煮蛋。于是小钱再次与餐厅联系，订了两份水煮蛋，并及时送上，客人大喜，吃得津津有味。

## 评析

人在服务中具有两重性。一方面，员工本身的态度、礼节，如语言、仪态等等自身的形象就是产品的组成部分；另一方面，员工满足宾客需求所提供的服务内容和解决问题的能力，则是服务产品的实质性内容。酒店行业有一句行话：主动寻找服务对象，言下之意，找不到服务对象的员工是不合格的、不光彩的。到哪里去找？怎么找？答案是：服务员不仅要照顾好面上的工作，更要关注深处的动态。酒店服务员要有一双敏锐的眼睛随时关注客人，善于觉察易于疏漏的细枝末节，在饭店员工整体的配合下，任何一位客人的需求都不会在服务人员眼皮底下溜过去，这就是优质服务的"绝活"。

小钱善于在深处、在细微处寻找潜在的服务需求。客人到了吃饭时间却躲在房里没去餐厅，粗枝大叶的服务员是留意不到的。类似的例子如：餐桌上有位客人不动筷子，办理离店手续时客人踌躇不前，长住客人到时候不见出来等等，都是细心周到的服务员必然会关注的。

酒店在培训新员工时，应让有经验的老员工介绍自己在服务实践中的心得体会。本例中的小钱并无惊人的服务技巧，她能够发觉1309房客人没有去用餐，全凭她的责任心与经验。许多服务经验主要靠员工在实践中逐渐摸索，日积月累。所以，宾馆的培训要紧紧围绕宾客需求展开，在员工中提倡"兵教兵"的切磋交流，这对于提高酒店员工的整体服务水平大有裨益。

### 思考题

1.你是怎样理解"主动寻找服务对象"这句话的?

2.优质服务的标准是什么?

3.怎样才能满足客人的潜在要求?

案例 18

## 两瓶开水

### 内容提示

住在415房间的是一位脾气古怪的日本女商人,当服务员小罗按规定为415房送去一瓶开水时,却受到日本女客气势汹汹的责备。

### 案例正文

一位来自日本名古屋的女商人下榻在黑龙江省某宾馆的415房间。那位日本女客的脾气十分古怪,不好侍候。她动辄瞪眼睛,口里还时常叽里咕噜地骂人。服务小姐在她房里打扫时倍加小心,唯恐招惹麻烦。

这天早上七八点钟,女客找到楼层服务员,气势汹汹地责问当班的小罗,为什么今天只送来一瓶开水。

按照宾馆常规,每个客房都是送一瓶开水,服务员小罗不知道给这位客人送一瓶水有什么过错。她正要发问,日本客人连珠炮似的责备道:"昨天上午我给你们讲好的,我每天都要把这儿的茶杯、洗盆、浴缸用开水烫洗,一瓶水怎么够用?你们还满口答应我,从今天起送两瓶开水来,可是今天只送来一瓶。你们答应时倒挺爽快,办起事来却统统给忘了,这也算优质服务……"

这番话如一盆冷水浇到了小罗头上,她全然不知这位女士要两瓶开水的事情。当时她想告诉客人,她并不知道这件事。后来转念一想,肯定是昨天来顶班的小侯忘了交代,引起客人如此大的火气。"可是,错在小侯,不在我身上,为何要我去受这个气呢?"小罗伤心透顶,恨不得找个地方痛哭一场,发泄发泄满腹委屈。然而,她还是强忍住委屈之情,微笑着告诉日本客人,她马上再去拿一瓶开水,保证明天早上一定送上两瓶,并诚恳地表示歉意。

不一会,小罗又拎了一瓶水到415房。日本客人的怒火还未消尽,嘴里还是嘀咕了好一阵子,而小罗的眼里已隐约可见闪烁的泪花。

## 评析

本例中的小罗为了酒店的声誉与形象甘愿受委屈，这是难能可贵的，说明她具有高度的酒店整体意识。

确实，客人如果对一家酒店的个别服务员满意，他们的头脑中会留下酒店良好的整体形象。同样，如果一个服务员对客人无礼了，这位客人便会留下“酒店服务差”这一印象。从这个意义上讲，服务员是代表酒店在为客人提供服务，因此在与客人打交道时，应明确自己的角色地位，时刻站在酒店整体利益的立场上去处理每个细节。如果发现店内别的服务员疏忽了某个环节，便应主动及时补救，不能让客人吃亏。如果小罗受到日本客人指责后，当着客人的面把责任推给服务员小侯，便是极不明智的，这只会给酒店的形象带来损害，到头来，酒店没有回头客，经济效益直线下降，员工利益也会蒙受严重影响。

因此，在培训员工时要灌输整体意识，要像美国里兹·卡尔顿酒店公司“黄金标准”那样，不管哪个员工，一旦接到客人投诉，他便“拥有”这个投诉，他有权也有义务去处理它。在一家高水准的大酒店里，员工头脑中只有酒店，没有他个人，他可以为了酒店的声誉忍受委屈，毫无怨言。

为了避免再次发生因交班忘记交代服务事项而出现的失误，楼层服务台应有填写交接班日志的制度。工作日志是记录客人活动情况、客人特殊需求、留言的备忘录，它又是工作人员之间的联系等，每个班次的服务员必须完成工作日志。如果服务员小侯能将日本女客的特殊需求记录在工作日志上，小罗上班就能通过交接班日志知道需要她继续做的事情，客人的责备也就可以避免了。日志是最好的备忘录。

## 思考题

1.交班日志的作用是什么？

2.为什么饭店员工必须具有高度的整体服务意识？

案例 19

# 小骆的迷茫

## 内容提示

服务员小骆按介绍房间设施设备和服务项目规范热情地为两位港客介绍情况，却被港客认为是暗示要小费，小骆脑海里是一片迷茫。

## 案例正文

浙江某宾馆服务员小骆第一天上班，被分配在酒店A楼5层做值台。由于她刚经过3个月的岗前培训，对做好这项工作充满信心，自我感觉良好，一个上午的接待工作确也颇为顺手。

午后，电梯门打开，走出两位港客。小骆立刻迎上前去，微笑着说："先生，欢迎入住本饭店，请跟我来。"一边领他们走进房间，随手给他们沏了两杯茶放在茶几上，说道："先生，请用茶。"接着她又一一介绍客房设备设施："这是床头控制柜，这是空调开关……"这时，其中一位客人用粤语打断她的话头，说："知道了。"但小骆仍然继续说："这是电冰箱，桌上文件夹内有'入住须知'和'电话指南'……"未等她说完，另一位客人便掏出钱包抽出一张面值10元的港币不耐烦地递给她。这时，小骆愣住了，一片好意被拒绝甚至被误解，使她感到既沮丧又委屈，她涨红着脸对客人说："对不起，先生，我们不收小费，谢谢您！如果没有别的事，那我就先告退了。"说完便退出房间，回到服务台。

此刻，小骆心里乱极了，她实在想不通，自己按服务规范给客人耐心介绍客房设施设备，为什么会不受客人欢迎？

小骆请教了不少富有经验的老员工，后来才慢慢懂得在服务过程中要有一个"度"，同时还要学会察言观色，不可一味硬搬规范。果然，时隔不久，小骆便成了一名很出色的服务员。

## 评析

小骆对客人积极主动的服务热情首先应该充分肯定。她按服务规范不厌其烦地给客人介绍客房设施设备，一般说也并不错。但是，服务规范的运用应因人而异，灵活机动，对服务分寸的掌握也有个适度的问题。这样看来，小骆对两位港客过于地道的服务确有欠妥之处。

显然，将客房的常用设备设施甚至普通常识详细介绍给绝非初涉酒店的港客，是大可不必的。特别是当客人已显出不耐烦时，还继续唠叨，那更是过头了，也太死板了。那样做会显得客人从未见过世面而在接受开导，使其自尊心受到挫伤，或者使客人误解服务员是变相索要小费，从而引起客人的不满和反感。好心没有办成好事，这是满腔热情的小骆始料不及的。

介绍房间情况，对常住饭店的客人和对初次下榻饭店的客人显然要有所区别。对饭店常客可只介绍客房新增添的服务设施，而对初次下榻饭店的客人则应较详细地介绍房间设备及使用方法，这样既能给客人带来方便，又能避免因客人使用不当而损坏客房的设施设备。现在有的饭店因噎废食，减掉了这项服务内容是不可取的。那么，怎样才能识别客人呢？一是在引领客人时就可从侧面了解客人情况；二是在介绍房间情况前，可事先征求客人意见；三是介绍情况中注意察言观色；四是注意总结经验，向这方面有心得的员工学习，等等。这当中蕴含的服务技巧和服务心理问题，值得酒店同行深思和探讨。

### 思考题

1. 怎样才能掌握好服务的分寸？

2. 试述规范服务与灵活性服务的关系。

案例 20

## 沙特阿拉伯客人前来完婚

### 内容提示

沙特阿拉伯是一个穆斯林国家，伊斯兰教是其信奉的宗教，木哈买提是一位虔诚的伊斯兰教徒，他准备中秋节在乌鲁木齐市举办婚事。

### 案例正文

1996 年中秋节，位于大西北新疆乌鲁木齐市的某宾馆住进了一位来自伊斯兰教圣地的沙特阿拉伯客人——木哈买提。据他本人说，他是慕名而来的。

出租车在宾馆大厅门前停下，迎宾员开门时，没有以通常的方式用手遮住车门框请客人下车，这一细节赢得了这位虔诚教徒的好感，因为按穆斯林国家的习惯，遮头是不允许的。木哈买提下榻宾馆的决心更坚定了。

宾馆王总经理从服务员那儿闻知，这位客人来乌市是专办喜事的，于是连忙安排坐东朝西的 620 房给他，以便他做祷告。接着乘客人去见未婚妻的空当，组织员工布置新房。总经理亲自动手，窗帘换上了粉红色的，以增加喜庆气氛；原来驼色的地毯上覆了一块波斯地毯，使客人产生在家办婚事的感受；另外还配备了一块小地毯，专供客人做宗教仪式时用；墙上特地挂上穆斯林挂毯，一间典型的穆斯林式的新房就这样很快布置完毕了。

两小时后，沙特阿拉伯客人回到房里，眼前突然的变化使他欣喜若狂，他只不过向服务员吐露过一句关于举办婚事的话，没想到宾馆竟写出了大手笔，而且还有着那么高的工作效率。他没顾得上喝茶，便直奔总经理办公室，一连几声："热合买提，热合买提(谢谢，谢谢)！"

沙特阿拉伯客人果真在宾馆举办了婚礼。新婚期间,宾馆专门为他配备两辆专车提供昼夜服务,婚礼结束后新婚夫妇外出旅游,沙特阿拉伯客人对王总说:“请为我们保留这个房间,等我们回来后还要住,房租照付。”

此后,这位客人又来过乌市多次,每次都住在这家宾馆。

## 评析

新疆是个多民族地区,少数民族占总人数的一半以上,常有来自前苏联各国、巴基斯坦、土耳其和中亚诸国的客商,所以某宾馆把如何做好少数民族宾客、不同宗教信仰的宾客以及有着不同风俗习惯的外国宾客的服务工作作为大事来抓,这是很符合实际需要的。

宾馆注意对员工进行有关客源国习俗及宗教基本知识的针对性培训,请来大学教师介绍各国风土人情和宗教历史,专门开设具有伊斯兰风格的餐厅,开发富有少数民族风味的菜肴点心,这些措施深得少数民族宾客的赞赏。

宾馆大门的迎宾员按照穆斯林方式迎接客人,给客人留下了良好的第一印象。总经理获得客人此次前来操办婚事的信息后,马上组织人员布置新房,并亲自动手,足见服务意识之强。在具体处理各种细节时,房间朝向、窗帘色彩、挂毯摆设等都竭力符合客人风俗习惯和婚事的特殊需要。最后还安排两辆专用车,日夜服务。考虑之周到达到无可挑剔的程度。几年来,由兵团招待所发展起来的该宾馆在“搞好接待,搞活经济,自我积累,自我发展”的道路上已取得了赫赫业绩。

## 思考题

1.伊斯兰教客人有哪些主要的宗教习俗?

2.怎样做好对有宗教信仰客人的服务?

案例21

# 免费擦鞋

## 内容提示

擦鞋服务是客房部对客服务的项目之一,南京某饭店的一位常住客人一连几天从工地回来都把沾满黄泥的皮鞋放在鞋篮里,客房服务员每天都将客人的皮鞋擦得油光锃亮。

### 案例正文

有一天，某饭店客房的一位服务员在为一位外国客人做夜床时，发现鞋篮里有一双沾满泥土的脏皮鞋，就用湿布将鞋擦干净，并上完鞋油后放回原处。这位常住客一连几天从工地回来都把沾满黄泥的皮鞋放在鞋篮里，而那位服务员每天都不厌其烦地将皮鞋擦得油光锃亮。客人被服务员毫无怨言而又有耐心的服务感动了，在第9天将10美元放进了鞋篮。服务员在擦完鞋后毫不犹豫地将钱放进了鞋篮，分文不取。这使那位客人非常佩服，同时也感到不安，一再要求饭店总经理表彰这位服务员。

### 评析

擦鞋服务是旅游饭店客房服务的项目，它的操作程序看起来简单，但有时技术难度还比较大。

1. 当客人需要擦鞋服务时，会将皮鞋放在壁柜的鞋篮里，或者打电话告诉客房服务中心或值班服务员。客房服务员在做夜床和每天的例行大清扫时，应注意查看鞋篮有无摆放皮鞋。如果是客人打电话要求擦鞋服务，则客房服务员应在10分钟内赶到客人房间收取皮鞋，并注意询问客人，在何时需要送回擦好的皮鞋。

2. 擦拭皮鞋工作要求服务员熟悉各种皮鞋及鞋油的性能，根据客人的皮鞋的特性选择适宜的鞋油和不同的擦法，特别是高档皮鞋更应注意鞋油与擦拭方法的选择。如果服务员没有把握，就应向客人道歉，说明理由，不要接受这个工作。

### 思考题

试述客房部的擦鞋服务程序与标准。

案例22

## 又湿又脏的皮鞋

### 内容提示

擦鞋服务是客房的服务项目之一，两位山东客人的又湿又脏的皮鞋还属于擦鞋服务范围吗？某宾馆的服务人员做了肯定的回答。

### 案例正文

初夏，一连下了数天大雨。在哈尔滨市某宾馆崭新的大堂里，由于服务员几乎一刻不停地擦地面，所以虽然外面是滂沱大雨，大堂内却洁净如常。

一天晚上9时光景,酒店总台接到504房客人来电。

“有件事想麻烦一下,”一位操着山东口音的客人十分客气地说道,“我们下午到郊外去游览,遇上了大雨,皮鞋被淋湿了,我们没有备用的鞋子,明天还要去运输公司谈笔生意,不知您有没有办法把我们的皮鞋弄干?”

“没问题,你们的困难就是我们的困难,我立即与客房部联系,他们会派人来处理的。”总台接待处人员的坚定口吻使山东客人放下心来。

电话挂断后才2分钟,504房的电铃响起,一位服务员出现在门前。

“两位先生的皮鞋湿了,交给我吧。听说你们明天要办事,我明天早晨8点送来不会太迟吧?”这位看上去才十七八岁、还未摆脱稚气的男服务员问道。

当男服务员被告知客人要到10点才离店,心就定了。他提着两双由于浸透水分而变得沉重的皮鞋来到楼层值班室。

服务员望着这两双皮鞋,真傻了眼,不但湿透,而且还极脏,缝隙内、针脚处沾满了泥,黑颜色成了斑斑驳驳的黄褐色!他用一块布,蘸水后擦去表面上的泥,再用旧牙刷除去缝道中的污垢,足足花了半个小时才使皮鞋再现黑色。由于鞋子实在太湿,他只得去洗衣房求助,用烘干机把皮鞋慢慢烘干,再放在风口吹冷,鞋子轻了几乎近一半。他提了两双皮鞋回到值班室,找出黑鞋油,三下五除二地擦了起来。没多久,皮鞋又是乌黑锃亮了。

第二天早晨8点,服务员按响504房间的电铃,当客人看到皮鞋整洁如新时又惊又喜,不相信这竟是自己的皮鞋。

## 评析

擦鞋服务是旅游星级饭店所规定的客房服务项目之一,按饭店的惯例,擦皮鞋服务主要是擦去污垢和灰尘,上油使皮鞋锃亮即可。本案例中年轻的服务员遇到的是已经湿透的脏极了的皮鞋,为客人烘干皮鞋不属于擦鞋服务范围。但因宾馆服务员深深懂得宾馆一再强调的“客人是皇帝”的真谛。所以,无论是宾馆总台的接待人员还是客房服务人员都能充分地理解客人的合理需求,把主动热情地为客人服务的精神融进饭店的服务规范中,让客人感到最大限度的满意,最终使饭店获得良好的经济效益和社会效益。

## 思考题

本案例中年轻服务员的可贵之处何在?

案例 23

# 主动服务——这位客人需要“擦鞋”

## 内容提示

把简单的事情做好,就是不简单;把平凡的事情做好,就是不平凡。“擦鞋服务”是一件最平凡的事,服务员小张却做出了不平凡的事。

## 案例正文

“擦鞋服务”作为大多数酒店为客人提供的一项常规服务,可以说是再普通不过了。但是,即使是普普通通的常规服务,只要是用心去做,也会打动客人的心,也能成为细微服务。

服务员小张是一个有心之人,平时对于长住客的一言一行就很关注。她有个习惯,一听到客梯间电梯铃响,在附近工作的她就总是要去看看,是哪位客人回房了还是哪位客人外出了。这样,她对于住客的房态情况就了如指掌。

这几天,她发现了这样一个现象:住在539房的长住客人 Mrs.Kim 有好几次在客梯间等候电梯时,总是会顺便在电梯间的擦鞋机上擦一下她的皮鞋,而经常是刚刚擦了一半,电梯就来了,Mrs.Kim 只好赶紧追上电梯,匆忙走了。小张猜想到,一定是因为工作太忙了,所以无暇擦鞋,只好利用等电梯运行的一点空隙来擦鞋。于是小张在工作车上备上了一套擦鞋工具,在每晚进房为客人进行夜间小整理时,悄悄地为 Mrs.Kim 将皮鞋擦亮。几天以后,Mrs.Kim 才发现了这个小秘密。为此,她还专门“守株待兔”,当场向小张表达了谢意。

## 评析

本例是一个将常规的“擦鞋服务”延伸为“超常服务”的范例。服务员在客人没有要求擦鞋的情况下,通过在电梯间观察到客人经常匆忙擦鞋的举动,而主动提供给客人擦鞋的服务。

不同的服务意识会产生不同的服务效果。一般来说,多数服务员总会将“擦鞋服务”简单地理解为:当收到鞋或见到客人有擦鞋要求时,及时地为客人提供服务。而对一名合格的服务员而言,应该是当发现或觉察到客人有擦鞋需求时,就主动为客人提供服务。因此,对服务意识两种不同的理解就产生了两种不同的服务,一种是常规服务,另一种则是细微服务。在本例中,服务员就是在客人没有提出任何“擦鞋服务”要求时,通过自己的细心观察,判断出客人的真实需求,并主动为客人提供服务,这就是良好的服务意识的体现。要做好服务工作,应该做到:

1.关注客人,无处不在。

2.主动服务,方便客人。

**思考题**

什么叫延伸服务?怎样才能做好延伸服务?

**案例 24**

# 细心服务——烘干淋湿的球鞋

**内容提示**

服务员小袁用吹风筒为客人吹干了球鞋,为什么呢?

**案例正文**

汕头的冬季冷暖适中,非常适合晨练。在汕头工作的某外资公司总经理 Mr. Martin 对此尤为热衷,不管每天工作多么繁忙、劳累,他都一直坚持在清晨早起,晨跑半个小时,风雨无阻。

这一天,他像往常一样,穿着心爱的球鞋,沿着酒店外的林阴小道,踏着青青的草地慢跑。刚跑了一圈,他就发现他的球鞋上沾满了水珠,原来草地是湿的。他想,也许是昨夜的那场小雨造成的,他没有在意,依然继续他的晨跑。但是,半个小时过去后,他感觉到球鞋全湿透了。回到房间,他因为要赶着上班,就随便将湿球鞋放在一旁晾着。

上午 10 点左右,服务员小袁来到房间整理清扫,她一边清洁整理房间,一边留意观察着房间里的细小变化,当抹家具来到床头柜旁时,她一眼就看到了那双湿球鞋。小袁知道,球鞋一定是今早客人晨练时被雨水弄湿的。可是,这双球鞋实在太湿了,客人这样放置,可能几天都无法晾干,这样客人明天就无法穿它去晨跑了。于是,她先将湿球鞋从房间取出,放在工作间的窗台上晾着。

下午 4 时,小袁刚刚将手头的工作完成,就立即来到工作间看球鞋。她拿起球鞋一看,只见球鞋已干了七八成,但是还没有完全干透,如果要在客人回来之前弄干再交还客人,就必须另想办法。于是,她从服务中心借来一支吹风筒,忙了将近一个小时,终于将球鞋完全吹干了。不仅如此,她还找来了鞋擦,将球鞋上的泥擦净。

看着自己的"杰作",想到明早客人穿上干爽洁净的球鞋去晨跑时的感觉,小袁显得十分开心。

### 评析

在日常工作中,客房服务员要注意克服一味埋头工作的习惯,虽然客房服务工作常使服务员们感到身体疲惫又枯燥乏味,但是,服务员们不能因此就将自己完全陷入那种应付式的忙碌之中去,而要努力做到细心工作。要知道,完成了工作不等于做好了工作,卫生完成了并不等于服务做好了。而且,每一位客房服务员都应该对住店客人特别是长住客人的生活习惯和特点了如指掌。要做好服务工作,必须做到:

1. 把握自我,保持旺盛的工作热情。
2. 细心了解服务对象,留心观察服务过程的细小变化。
3. 认真地做好每一项服务。

### 思考题

你怎样理解客房服务员是"无名英雄"?

案例 25

## 一点法国护发液

### 内容提示

服务员小甘在清理住人房时,自作主张地将中国香港女客人自带的洗发液收拾掉了,结果引起了客人的投诉,它给我们带来的经验教训是什么呢?

### 案例正文

一天晚上,一位30开外、服饰考究的中国香港女客人面带怒色地来到酒店大堂副理前投诉说:"先生,我刚才回房发现我放在卫生间洗台上的护发液不见了,肯定是让服务员给扔掉了!"俞副理马上说道:"小姐,对不起,给您添麻烦了。那么您是否可以使用本酒店提供的洗发液?""不行啊,我多年来一直使用那种法国名牌的护发液,所以外出旅行也带上它,其他洗发液我不习惯使用。"俞副理见出现了僵局,觉得应该先到现场调查一下再说,于是他对客人说:"小姐,您可以带我到房间去看看情况吗?""好吧。"客人答应道。

俞副理跟着香港女客走进她客房的卫生间，见盥洗台右角上整齐地摆放着客人的盥洗用品和化妆盒，只是没有护发液。俞副理马上把当班服务员小甘叫来，问她是否见到客人的一瓶护发液。小甘承认是她处理掉的，因为她从半透明的瓶子看到瓶底只剩一点护发液，估计客人没什么用了。客人表示，恰恰是这最后一点护发液是她留着最后一晚用的，明天她就要乘飞机回香港了。

到这时，事情的真相已完全搞清楚了。为了打消客人的怨气，使客人满意，俞副理当即表示："这件事确是我们酒店的过错。给您带来麻烦，实在抱歉。小姐，看来这种外国护发液在本地没有卖的，是否可以这样办，我们照价赔偿，今晚上您就使用本酒店的洗发液吧——其实，本酒店的洗发液质量是不错的，您试用后或许会喜欢的。"客人见俞副理赔礼道歉，态度诚恳，气也消了，又想到并没有受到多少经济损失，只是生活习惯受到一点影响，让酒店赔偿未免过分，便对俞副理说："先生，您这么说，我就不好意思了，赔偿就不必啦。""只是委屈您了。"俞副理表示歉意说。"没关系。"客人最后对酒店的过失完全原谅了。

## 评析

本例中客房服务员小甘原本好心帮客人处理剩余用品，没想到客人不但不领情，反而大为不满，提出投诉。问题就出在她不完全了解涉外酒店客房服务的严格的程序和规范要求，特别是不了解住人房和走客房清扫规范的区别。服务员在清扫过程中，对属于客人的一切东西只能稍加整理，尽量不要触动，也不能随意挪动位置，更不能想当然地将空瓶或纸盒之类的东西扔掉。

小甘好心反招投诉的教训还告诉我们，服务员对客人租用客房必须树立一种明确的观念，即：客人一旦办好入住登记手续，交了房租，就形成了酒店与客人的契约关系，客人是这个房间租用期间唯一的主人和占有人，享有房间租期内的使用权。酒店方面有义务尊重客人的权利，包括清扫房间也不例外。

## 思考题

1.住客房与走客房的清扫有何区别？

2.怎样才能处理好客人的投诉？

案例 26

# 饭店无小事,事事须用心

## 内容提示

一家饭店要保持较高的服务水准,就必须要有一支办事勤快、一丝不苟的职工队伍。在对客服务过程中,有的小事看起来不大,一不注意就会酿成大事。下面列举几例以资借鉴。

## 案例正文

### [案例 A]
### 一副假牙引起的风波

一位中国香港客人下榻四川某宾馆。一天中午,他气冲冲地找到大堂副理投诉,说客房服务员在打扫他房间时,将他一副价值 8000 港币的假牙弄丢了,要求饭店赔偿。

饭店接到投诉后,立即进行了调查:这位香港客人的一副假牙是头天晚上从嘴里取下放在卫生间水杯中的。但第二天客房服务员在打扫卫生间的卫生时,粗心大意,随手将水杯中的水和泡在水中的假牙倒进了抽水马桶。客人投诉成立,饭店应负有赔偿责任。怎么办呢?饭店只好花了百多元请来工人,把下水道挖了个底朝天,来个大海捞针,整整花了一天的时间,好不容易才从污物中掏出了客人的假牙。看来事情似乎解决了,但客人说,经过化验,这副假牙已经被严重污染,根本不能用,坚持要饭店赔偿。无奈,饭店照价赔偿了客人。

### [案例 B]
### 丢了一包黄土

一位中国台湾客人住进一家大酒店,在即将离店时找到客房部经理投诉,说他在客房丢了一包黄土,这对他很重要。因为这是他从他大陆的祖坟上取的一包黄土,要带回台湾,而客人要立即登机返回。客房部经理接到投诉后,立即找当班服务员进行调查,服务员回想起在打扫那位客人的房间时,看到一包黄土,认为是没用的东西,就随手扔掉了。客房部经理了解了情况后,立即向客人再次致歉,并请客人留下通讯地址,并马上带领多名员工,从垃圾堆中去找那包黄土。客房部经理和服务员在臭气熏天的垃圾堆里一点一点扒开污物,细心查找了 3 个多小时,终于找到了那不起眼的纸包,并按地址寄给了台湾客人。

[案例C]

## 隐形眼镜不翼而飞

王先生和妻子来广州旅游,住进一家五星级酒店。第二天,他们一早去吃早餐,回来后准备去越秀公园转一转。可是当回到房间内,王先生发现他妻子的隐形眼镜不见了。他妻子说:"刚才吃早餐之前还看见了呢。"于是二人四处查找,哪里都没有,无奈王先生向酒店提出投诉。

经核对,王先生夫妇二人去吃早餐到回房,准确的时间是50分钟,而在这一段时间内,只有实习生小平进入房间进行打扫。小平回忆起当时的情景时发现自己把杯子里的隐形眼镜和药水当作剩水给倒掉了。对此小平后悔莫及。

[案例D]

## 裹在床单里的护身符

客房服务员小王每次为客人换床单时为了省时省事,总是把床上的两层床单非常迅速地揉成一团,撤下来扔进布草袋内。

有一次,一位客人问小王是否发现床上有一件小小的护身符。这件护身符对客人来说是信物,十分珍贵,客人要求必须找到。小王在洗衣房费了九牛二虎之力终于在一大堆尚未清洗的床单中间发现了客人的护身符。

[案例E]

## 扔掉了白金戒指

服务员小张打扫客房时发现桌腿边有一枚银白色的细小的戒指,看上去有点粗糙。他认为是该客房小朋友的玩具(假戒指),因而就把它扔到了工作台的抽屉里。第二天,该房客人打来电话询问丢失的戒指,说此戒指是白金的。可当班的同事小赵在《遗拾物品登记单》中没有找到戒指的记录。经调查才找到了这枚放在工作台抽屉里的白金戒指。

[案例F]

## 重要的便笺

在北京某四星级酒店的客房部,实习生服务员小任正在清扫一间离店房。小任看到客人的行李已经全部收拾好,整齐地摆放在行李架上。小任就开始去收垃圾,她看到床头柜上有一张皱巴巴的便笺纸,就认为这是客人不要的废纸,顺手把它丢进垃圾袋中。房间整理好,小任就去整理其他房间。一会儿住那个房间的客人回来后,急忙找小任说:"小姐,你有没有看到一张记着电话号码的小纸?那个电话号码对我很重要。"小任一听傻了眼,就说:“您的电话号码是不是在床头柜的便笺纸上写的?”客人说:“我记得好像是放在那里。”小任说了声:“对不起,我去给您找。”马上到工作车的垃圾袋去找,翻了半天,终于在垃圾袋里找回了客人记有电话号码的那张小便笺,立即送还给客人。客人不住地向小任道谢。实习生小任此时心里真不是滋味,是自己粗心扔掉了客人记的电话号码纸,给客人添了麻烦,庆幸及时找到了,没有耽误客人的事。小任经过此事后便懂得了客房内无论是什么东西,哪怕是张小纸片,只要是客人的东西,都要保存好,而不能随便扔进垃圾袋,否则会引起投诉,并且给客人带来大麻烦。

## 评析

1.客房服务中,清洁整理房间和清理垃圾是每天例行的工作。但是服务员要明确一点,所有服务工作都有其严格的服务操作程序和规范,所有的程序和规范都是在总结了多年的服务经验和进行科学测算而制定出来的,是保证服务质量和消除各种隐患的规定,必须严格遵循。在清扫过程中,对于属于客人的一切东西,只能是稍加整理,不能随意挪动位置,更不能对客人的东西或客人用过的东西自作主张地进行处理,哪怕是空瓶、空纸盒,只要客人没有扔进垃圾袋中,就要谨慎对待,更不能随意扔掉或倒掉。一副假牙、一包黄土、一副隐形眼镜、一张皱巴巴的便笺、一枚细小的粗糙戒指、一件小小的护身符由于服务员粗心大意,不按操作程序去做,结果酿成或差点酿成大事。这一桩桩不愉快的事情不仅使饭店负担了直接或间接的经济损失,更严重的是给客人的生活带来不便与痛苦,饭店的声誉也蒙受了损害。这些深刻的教训是应该认真吸取的。“细微之处见功夫”,养成细心负责的工作态度,认真按程序与规范操作,才能保持饭店较高的服务水准,避免此类不愉快的事情发生。

2.作为饭店的服务人员来讲,还要解决好一种思想意识:客人一旦填好入住登记单,交了房租,接待员分配好了房间,就形成了饭店与客人的契约关系。客人是这个房间租用期间的唯一占有人,房间的使用权属于这位客人,房间的主人是客人。饭店方面有义务尊重客人的权利,即使是例行的客房清洁整理工作也要充分尊重客人对房间的使用权。饭店制定的敲门通报、等候客人的程序,不能乱动客人东西的规定等等,正是为了尊重客人的权利。有的饭店服务人员缺少这种服务意识,总认为我才是饭店客房的主人,所以工作粗心大意,不经客人同意随意进出住客房间,不断骚扰客人,结果闹出了不少笑话,闯出许多祸事,得罪了不少客人。

饭店服务工作看起来是一些简单的事,就拿清扫客房来说,一个生手经过7天的培训完全可以应付。但要懂得如何尊重客人的权利,按服务标准与程序操作，形成良好的职业习惯和服务意识，却是一件需要经过长期培训和磨炼的事。

### 思考题

1. 客房对客服务中有哪些基本的操作程序与规范？
2. 怎样才能增强服务的责任心？
3. 为什么要尊重客人对客房的使用权？
4. 在住客房的清扫中，怎样才能尊重客人对客房的使用权？

案例 27

## 深夜醉倒的客人

### 内容提示

客人醉酒是饭店经常发生的事情，南京某宾馆的保安员小丁就遇上了一位醉酒的517房的客人。

### 案例正文

南京某宾馆，凌晨2点。电梯在5楼停住，"丁东"一声门开了，一位客人踉跄而出，喃喃自语："我喝得好痛快啊！"口里喷出一股浓烈的酒气。这时保安员小丁巡楼恰好走近5楼电梯口，见到客人的模样，断定他是喝醉了，连忙跑上去扶住他，问道："先生，您住在哪间房？"客人神志还算清醒，他轻轻地摇摇自己的左手。小丁会意，便细看客人的左手，发现一块517房的钥匙片。小丁一步一步地把客人扶进房里，让他在床上躺下，泡上一杯醒酒茶，并将衬有塑料袋的清洁桶放在床头旁。客人开始呻吟起来，小丁赶紧把客人稍稍扶起，端起沏好的茶喂给客人喝，一边安慰客人说："您没事的，喝完茶躺下歇歇就会好的。"然后他又到洗手间弄来一条湿毛巾敷在客人额上，说道："您躺一会，我马上就来。"随后退了出来，将门虚掩着。

一会儿，小丁取来一些冰块，用湿毛巾裹着进房，用冰毛巾换下客人额上的湿毛巾。突然，"哇"的一声，客人开始呕吐了。说时迟，那时快，已有准备的小丁迅速拿起清洁桶接住，让他吐个畅快，然后轻轻托起他的下颚，用湿毛巾擦去他嘴边的脏物。小丁又观察了一会儿，发现客人脸色渐渐转红，就对他说："你好多了，好好睡上一觉，明天就能复原了。"他边说边帮客人盖好被子，在床头柜上留下一杯开水和一条湿毛巾，又补充一句："您如要帮忙，请拨09楼层服务台的电话。"然后他调节好空调，取出垃圾袋换上新的，轻轻关上门离房。

小丁找到楼层值班服务员，告诉她醉客的情况，并请她每过 10 分钟就到 517 房听听动静。天亮时，辛苦值勤一夜的小丁眯着一双熬红的眼睛又来了解情况，得知醉客安然无恙，才放下心来。最后又让值班服务员在交接班记事本上写道："昨夜 517 房客醉酒，请特别关照！"

**评析**

客人醉酒是酒店经常遇到的事。保障醉客的安全是酒店保安人员的神圣职责。宾馆保安员小丁突然遇到客人酒醉，及时保护客人，这种急客人之所急的高度责任心值得赞扬。

要保护好客人，保安人员还必须具备娴熟的服务技巧，只有这样才能在紧要关头临危不乱，救护有方。小丁突遇醉客，不是推给楼层服务员了事，而是沉着镇定，独立实施救护，达到最佳效果，这说明他平时训练有素。

帮人帮到底，小丁将醉客安顿停当后，继续交代值班服务员定时观察，在天亮后又跟踪了解，并交代接班服务员特别关照，这种极端认真的服务态度、严谨过细的工作作风尤为难能可贵。

**思考题**

对宾馆醉酒的客人应该怎样服务？

案例 28

## 细致周到——浴缸里醉酒的客人

**内容提示**

一位日本客人烂醉如泥地倒在 2415 房门口，夜班服务员小董、小庄和领班小金为客人提供了一次细致周到的服务。

**案例正文**

晚上 9 点多，夜班服务员小董如往常一样在通道做公共卫生，经过 2415 房门口时发现一客人倚着墙壁坐在地上，旁边还有挂包和相机丢在一边。小董走近一些，闻到一股酒气，客人满脸通红，烂醉如泥，小董连叫了几声"先生"，一点反应也没有。"这该不会是 2415 房的客人吧？如果是就应该是位日本客人。"因为她知道该房住的是日本客人，细心的小董发现地上的挂包边有一张住房卡，上面登记的正是 2415 房小原佑一先生，日期也对。从挂包未拉合的拉链处望进去，包内的纸张上也是日文。"既然确定了客人身份,得赶快送客人回房间休息。"小董想着,这时地上的人动了一下,还含糊不清地嘟囔了一句什么,小董赶紧上前搀起客人,客人歪歪斜斜地顺势站了起来,随小董进入房间,又躺在床上一动不动了。小董把挂包和相机捡起来放在办公桌上,轻轻带上房门,然后找督导小金汇报了整个过程。小金听完后立刻放下手头的工作,先是打了个电话到2415房,想试探客人是否已清醒、是否需要帮忙,但电话无人接听。放心不下的小金决定进房间查看一下,以免发生意外,但按门铃、敲门均无人应,于是他开了门轻轻走进去,只见卫生间门开着,里面一片狼藉。地板被客人吐得一塌糊涂,散发着刺鼻的气味,客人的衣服、鞋子东一件西一件扔得到处都是。浴缸已放满了水,水龙头还在哗哗地流,而客人只穿着一双袜子躺在浴缸内,露出个头在水面,双眼紧闭似乎又睡着了。小金很清楚醉酒客人使用浴缸可能出现的严重后果,一连叫了几声"先生",客人都没反应,小金又不敢走得太近怕客人突然醒了被自己吓着。他想,如果把客人扶出浴缸送到床上,他赤身裸体,清醒后会很尴尬;将浴缸水排空,给客人盖一张毛毯,可能会冻坏身子;只能将水龙头关掉,等水温稍变凉时再放热水进去,保持适当的水温一直维持到客人清醒为止。小金拿定主意后,一边叫服务中心另一男员工小庄上来帮手,一边将此事报告给大堂副理,请大堂副理负责联系与其同来的客人或接待单位。半小时过去了,小金和小庄一边将卫生间收拾整齐,一边不停地开水、关水,生怕客人发生溺水意外。终于,客人的脸色逐渐恢复正常,小金和小庄发现客人先是捧起水洗了洗脸,然后缓慢地开始搓澡,虽然还是紧闭着双眼,但应该已无意外危险。为避免客人尴尬,小金和小庄觉得该离开房间了。临走之前,他俩又冲了一杯热茶放在床头柜上,将浴衣挂在卫生间门后。走出房间后,小金和小庄并没马上离去,而是让大堂副理请客人的朋友再打一次电话,听到客人在房内接电话的声音,小金和小庄如释重负,放心地吁了一口气,欣慰地笑了。

## 评析

这是十分细致、周到的优质服务案例。服务员能够细心辨明醉酒客人身份并护送回房,消除其人身和财产的不安全隐患,并且将事情及时报告给督导。督导考虑周全,服务细致,在服务员将客人送回房间后还十分关注客人的情况,进而及时发现客人沉醉于浴缸中,果断采取了妥当的措施,既顾全了客人心理,又保护了客人安全,而且细心照料客人,不怕脏,不怕累,为客人提供了一次十分细致周到的服务。

发现醉酒的客人应及时查明身份并护送客人回房间,然后做以下工作:

1.主动送上解酒的热浓茶和热毛巾等物。

2. 将垃圾桶放在床前，如客人呕吐及时清理。

3. 劝慰客人卧床休息并注意观察，以防意外。

4. 联系客人的亲戚朋友，以便看护。

5. 客人如有醉后狂躁行为，应请保安人员协助。

### 思考题

发现醉酒的客人应如何应对？

案例 29

## 娜塔莎终于明白了

### 内容提示

酒后忘事是经常遇到的现象，俄罗斯女商人娜塔莎醉酒后把房间弄得一片狼藉，酒醒后却迁怒于照顾她到半夜的服务员小翟。

### 案例正文

在沈阳，有许多从俄罗斯赶来的商人，那些做大生意的商人多住星级宾馆。三星级的某饭店里就住有不少俄罗斯客人。

住在 707 房的是身材魁梧的俄罗斯女商人娜塔莎。她不仅力气大，左右两手提着两个笨重的大箱子还能快步如飞，而且嗜酒如命，每晚必喝。

这天，住在该饭店的 5 位俄罗斯商人约好在餐厅聚餐。6 点整，聚餐开始。三男两女光喝酒不吃菜，桌上的酒瓶子没多久便已空了 3 个，客人都已微露醉态，娜塔莎喝得最多，醉得也最厉害，不久便已头重脚轻，找个借口想溜回房间。不料，她刚走出电梯，便支撑不住，瘫坐在走廊上。夜间值班服务员小翟见状赶忙上前，费了九牛二虎之力才扶她进了房间。说来也巧，刚迈进房间，娜塔莎就呕吐起来，地板上、客人身上尽是污物，连小翟的裤子、袖管上都被吐得一塌糊涂。小翟顾不上臭气，更顾不上自己身上的呕吐物，先给客人喂开水，接着又使出吃奶的力气把客人扶到床上躺下，用块干净布擦去娜塔莎身上的脏物，最后蹲下擦洗地毯，直忙到半夜才回到值班室洗澡、换衣。

第二天清晨，娜塔莎一觉醒来，早把昨夜的事忘得一干二净。看到房里凌乱不堪，便勃然大怒，把服务员小翟叫来狠狠痛斥一顿。

小翟满腹委屈，强作微笑说了声“对不起”，便整理房间去了……

后来，娜塔莎终于弄清了事情真相，找到小翟，连连向她道谢致歉。

## 评析

既然酒店明确提出“客人是我们的衣食父母”和“把‘对’让给客人”这样的服务宗旨，那么酒店的工作人员，特别是在一线与客人直接接触的服务员有时会受到客人的无端指责，这是难免的。这时，十分重要的一点是员工决不能忘记自己在酒店内的角色，而与客人争个是非曲直，甚至扭打起来。即使事实证明服务员是对的，错在客人，员工也必须以酒店大局为重，忍受个人委屈，心甘情愿地把“对”永远让给客人。

当然，一线员工也有自尊心，也需要得到尊重，解决这个矛盾的任务便责无旁贷地落到酒店各级领导和二线员工身上。领导应当及时地对为了酒店的利益而受到委屈的服务员加以安慰、表扬、奖励，使其心理得到平衡。同时，二线员工必须树立为一线员工服务的思想，使后者能心情舒畅地去为客人服务。

同时，餐厅服务员要特别关注那些嗜酒如命的客人，要采取预防措施，尽量避免客人醉酒。这样做既可防止客人醉酒失态，也能减少酒店人力和物力的损失和投入。

## 思考题

1. 客房服务员在对客服务中应具备何种健康的心态？
2. 怎样避免客人醉酒？

案例 30

# 贴心服务——客人在房间里静悄悄

## 内容提示

无障碍旅游是体现我国人文关怀的一个侧面，星级饭店标准也对残疾人服务进行了规定，本案例就是一例。

## 案例正文

初夏的一天晚上，酒店又是开房爆满。夜班服务员小何一面赶着给楼层的住客进行夜间小整理和开夜床，一面还上下来回地执行从服务中心传来的服务指令，忙得不亦乐乎。

当他推着工作车来到 13 楼时，却发现了一个奇怪的现象：刚刚入住的好几个房间的房门都是开着的，但是，房间里却没有传来一丝声响。他立即走过各间客房一瞥，只见客人都在房间内，然而，他们却没有谈话声，房间里的电视机也都没有开启,并且有的房间里还光线昏暗,好似有的灯没开亮。小何想着,为什么客人在房间里静悄悄?这一定不是一般的客人。

这时,小何见到,从一间客房里走出了一位客人,手里提着一个热水瓶,在通道里左右张望。他一望见小何就显得异常高兴,但是,奇怪的是他并没有出声,只是向小何招了招手。小何知道这位客人是要换一壶开水,他立即从工作车里取出一壶新灌满的开水给客人送去。当他与客人交换开水瓶时,他像往常一样主动地询问客人是否还有其他的需要,但客人却依然没有应答,只是摆了摆手,并做了个手势,好似在表示感谢。小何于是意识到,他们可能是一些聋哑客人,此时,通道的一端急匆匆走过来一位先生,他告诉小何他们正是这样的一批特殊的客人。

小何当即将此信息报告了服务中心和客房部当值经理,并立刻采取新的服务措施。首先,他赶紧到每间客房逐一巡视,为客人开灯、开床、更换开水,了解每位客人的需要,帮助客人解决疑难。由于这些客人都无法使用电话来传送服务信息,于是他又与客房夜督导、当值经理一道做好分工,每隔15分钟就巡视一遍该楼层,保证随时提供服务。

最终,这批特殊的住客在酒店安然地度过了一个舒适和愉快的夜晚,同样感受到了五星级的服务。他们虽然不能用言语来表达,但是临走时他们都对服务员竖起了大拇指。

## 评析

由于某些客观的原因,一群特殊的聋哑客人入住时并没有通知酒店,客房服务员也就事先不知道。但是,客房服务员通过自己的细心观察和丰富的服务经验判断,发现了问题,并及时将信息反馈给上级,做出妥善的应变处理。

客房中的各种问题发生前总会有一些不寻常的微小迹象,只有细心地发现,再加上细致的处理,才能成为细微的服务。在本例中,服务员通过细心的观察发现了问题,并引起了高度重视,及时地提供贴心的服务,让客人获得深刻的良好印象。要做好对每一位客人的服务,必须做到:

1.异常迹象,特别留意。

2.查明原因,及时上报。

3.妥善处理,贴心服务。

## 思考题

客房服务员如何通过发现微小迹象为客人提供贴心的服务?

案例 31

# 世界上最善良的人

## 内容提示

残疾客人远到异国他乡旅游会有许多不便,若能接待好这类客人定能充分显示该酒店的管理水平和服务质量。沈阳某饭店就接待了一位下肢瘫痪坐着轮椅的法国客人。

## 案例正文

沈阳某饭店即将来一位客人——下肢瘫痪坐着轮椅的法国记者塞勒先生。这天早晨,酒店总台接到通知后,立即安排专人到机场迎接。到达酒店后,行李员直接把他送到早就安排妥当的客房里,总台接待处派人到房间办理入住手续……塞勒先生到沈阳才半个多小时,已经切身体验到该饭店待客的热情。

住下后,他在酒店内受到一系列特殊待遇,使他深受感动。

他进房后稍许整理一下行李,便躺到床上休息。不一会,门铃响了,进来的是负责他这个楼层的小傅。一阵问候后,小傅告诉塞勒先生,虽然他行动不便,但在这儿却不必存有任何忧虑,酒店内的每个员工不仅会随时听候他的吩咐,还愿意满足他一切特殊的要求。

塞勒先生坦诚地告诉小傅,他来沈阳之前确有不少担忧,但见到该饭店员工给他那么多超出意料的关怀和照顾,他已经不再惧怕了。接着他说了此次来沈阳的具体计划。

首先,他要出席明天的一次规模盛大的贸易恳谈会,后天下午要到市郊的某轻纺厂了解支持希望工程的情况,还要拜访若干位服务明星。说到此处,他略为停顿一下,似乎还有话要说,但有点犹豫。小傅告诉他直说不妨,酒店一定会尽力使他圆满完成这次沈阳之行的任务。在小傅的鼓励下,塞勒先生终于倾吐出自己的心事:原来他在北京时就曾听说沈阳有个故宫,还有一个北陵,都与满清的历史有着密切的关系。他想去参观,却不好意思提出,因为这将给酒店带来太多的麻烦。

“塞勒先生,谢谢您对我们的信任。我们酒店虽没有陪客人游览的服务项目,但您的情况比较特殊,我将向领导汇报,我们将尽可能使您满意。”小傅情意真切地说。

半个小时后，客房部经理来到塞勒先生的房间，告诉他所有的工作和活动计划都会给予全力支持，另外，客房部委派小傅和另一名服务员小冯专门负责他在沈阳的一切活动。塞勒先生听后，紧紧握住客房部经理的手，泪花在眼眶内闪烁。

客房部经理告辞不久，小傅又走进塞勒先生的房间，询问他是否要在客房用餐。晚饭后，小冯值班，他帮助塞勒先生脱衣、洗澡、穿衣……

塞勒先生在沈阳逗留了4天。临别的那天上午，他请小傅陪同去天主教堂，用最虔诚的态度感谢上帝让他在沈阳遇到了“世界上最善良的人”，他祈祷上帝赐福给在沈阳的所有善待他的人们。

## 评析

本例中的塞勒先生的祈祷是发自肺腑的，也是他对沈阳某饭店服务质量的最公正的评价。

要做好对残疾客人的服务，一是要特别注意满足客人自尊的需要，替客人掩饰其残疾处，不要使客人觉得自卑；二是要细心得体地照料客人。该饭店在接待塞勒先生的全过程中真正落实了“宾至如归”的服务宗旨。

塞勒先生刚到沈阳，该饭店便送去方便和温暖，派人接机、将客人直送房间、房内办理手续等等，这一切都是塞勒先生来沈阳前就盼望的。

更能体现酒店待宾客如“皇帝”的事情，则是塞勒先生刚进房不久服务员小傅即受命来向客人做出愿意全力帮助他解决一切问题的许诺。对于一位下肢瘫痪、又置身于人地生疏的新环境中的客人来说，这是最暖心的保证，反映了某饭店确实站到了塞勒先生的立场上，想他之所想，急他之所急。正由于小傅的这一许诺，使塞勒先生对酒店有了绝对的信任，愿意把脑中酝酿的打算和盘托出。

塞勒先生在沈阳的4天里，在酒店各方的悉心照顾下，既完成了工作计划，又实现了游览名胜古迹的夙愿。塞勒先生感动得热泪盈眶自在情理之中。

接待塞勒先生那样的客人固然比较吃力，付出的代价也较大，但这是酒店发挥水准的好机会，各家酒店应抓牢这种天赐良机，把平时练就的本领淋漓尽致地施展出来。

## 思考题

1.饭店为什么要设立残疾人服务项目和标准？

2.怎样才能做好对残疾人的服务？

3.服务员小傅有哪些方面值得同行学习？

案例 32

# 突遇梦游病人

## 内容提示

深夜,6 楼服务员小徐突遇一位姿态和盲人无异的客人在楼面挪动。

## 案例正文

上海某饭店坐落在蜚声中外的黄浦江畔,坐在房间里,外滩的秀美景色可以尽收眼底。正是因为它那令人羡慕的地理位置,再加上积 40 多年的管理经验,饭店客房出租率常年保持在很高的水准上。

2000 年初夏的一天,该饭店客房爆满。深夜,6 楼服务员小徐根据规程在楼层巡视,忽见 639 房门慢慢打开,一位身穿睡衣的中年人赤着脚,两眼紧闭,一双手摸着墙一步一步地朝前缓慢地移动着。小徐清楚地记得,639 房里住的是一位日本来的电气工程师。

此时小徐看到客人这副模样,感到诧异,正欲上前一步询问,脑中突然冒出一个念头:客人莫不是梦游病患者? 小徐懂得,梦游症病人不能受惊吓。于是他赶紧从楼面打电话报告夜班经理,以防万一,接着便蹑手蹑脚地紧随在电气工程师的后面,以便发生危险时及时提供帮助。

日本客人全然不知后面有人跟着,仍以很慢的速度挪动着脚步,其姿态和一个盲人无异。一个楼面才几十米长,客人走了足足 30 分钟。小徐在后尾随了半个小时,直到客人走了一圈后摸进 639 房。轻轻关上房门,才宽下心来回值班台。

"他还会出来吗?"小徐心中仍有余悸。他不敢怠慢,整个夜班他的目光没有离开过 639 房的房门。

第二天早上,小徐换班时把 639 房的情况转告给下一班服务员。

## 评析

本例中某饭店客房部小徐出于对客人安全的责任感,辛苦了整整一个晚上,这一点是很值得酒店同行学习的。

酒店好似一个小社会,什么事情都可能发生,酒店的每一名员工随时随地都必须有真正把客人当"皇帝"的意识,随时随地把负责好"皇帝"的安全作为自己的天职。小徐发现日本客人突发梦游症时,首先报告给夜班经理,这是极为必要的。不然的话,万一发生意外,他一个人是无论如何应付不过来的,从这点上可以看出小徐的老练。

当他发现客人在梦游时,他能镇静自如地跟随在病人后面整整半个小时,整个夜班都关注着639房间客人的动静,而且下班时又把情况转告给下一个班的楼层服务员,充分表现了他为客人服务的高度责任心,同时又显示了他的应变能力。这种能力主要是通过实践获得的,而不是课堂上学得的,所以服务员工必须学会自我总结和自我提高的本领。

小徐知道梦游症病人的表现和注意事项,所以才能恰到好处地看护好这位病人,可见,酒店员工还须有比较丰富的知识。

### 思考题

1.试述住客意外情况处理的程序。

2.为什么说小徐的事迹值得饭店同行学习?

案例33

## 温暖你心——关注生病的客人

### 内容提示

客房服务中心的小张通过住客打电话的声音,得知客人生病了。

### 案例正文

下午,客房服务中心内显得特别忙碌,台面上的几部电话铃声此起彼伏,服务员小张紧张而又娴熟地接听着一个又一个电话,接收——处理——传递,忙个不停。"小姐,请给我送瓶开水。""小姐……"对客服务的专线电话频频被拨响,小张温和耐心地应答每一位客人,并及时做出相应的呼叫服务。这时服务专线电话又响起,电话听筒里传来对方低哑无力的声音:"小姐,我在房间里感觉特别冷,空调关了,依然很冷,你能帮我解决一下吗?"原来是1515房的袁小姐第二次来电,小张想刚才客人称感觉冷,已通知楼层服务员送去一床棉被,现在客人仍然觉得冷,而从声音听上去,袁小姐好像是病了。小张立刻答应客人马上帮她想办法解决,可客人房间加了棉被,空调也关掉了,怎样帮助这位可能是生病的客人呢?一想到"生病"两字,小张立即想起服务中心备有暖水袋专供身体不适的客人使用。

当小张拿着加好热水的暖水袋来到袁小姐的房间,看到虚弱的客人,刚才的猜测被证实了,袁小姐病得可不轻呢!小张一边将暖水袋放入客人被内,帮客人盖好被子,一边轻声细语安慰客人并询问是否需要酒店医生来诊治,备受感动的袁小姐说:“谢谢你,我已经去医院看过医生了,现在有你的关心,有你送来的暖水袋,我已经不觉得很冷了。”

晚饭过后,小张心里还惦记着袁小姐,她拨通电话再次询问袁小姐的病情,嘘寒问暖,电话的这一边传送着关怀和真情,电话的另一端接受着温暖和关切。

### 评析

服务中心是酒店服务信息运作中枢,提供给客人的是闻声而不见面的服务。他们每天处理各种可能碰到的问题,靠的是“微笑”的声音、耐心的态度、及时的处理、细致的服务。出门在外的客人如果不巧生病或心情欠佳,需要来自外界的关心和帮助,服务人员应针对客人的心理及时恰当地提供服务,为客人排忧解难,以真情温暖客人的心。

1.服务中心应做到声音“微笑”甜美,态度和蔼耐心,处理及时高效。

2.在碰到客人的需求一时无法解决时,要开动脑筋,想方设法尽量为客人做一些实事。

3.碰到生病的客人更应主动细致地照顾客人。

### 思考题

1.客房服务中心接听电话有哪些技巧和要求?

2.服务员小张是怎样温暖袁小姐的心的?

案例 34

## 团队要去北京

### 内容提示

从澳大利亚墨尔本来的一个旅游团今天就要离开南京到北京,可团中一位名叫罗杰斯的客人却患了重感冒不能同行,是改变计划还是请求酒店的帮助,团队的几名负责人举棋不定,这时饭店客房部经理前来拜访。

### 案例正文

早晨 8 点,南京某饭店 10 楼一个客房里,从澳大利亚墨尔本来的一支团队的几名主要负责人在商量一件大事。

这支团队共有 40 多人,大多是退休教师,是应我国有关单位邀请前来上海、南京等地旅游考察的。3 天前到达南京后,已先后参观了中山陵、明孝陵等名胜古迹和四五所中小学,预定今天上午 10 点离店乘机去北京。

不巧的是，团中有一位名叫罗杰斯的客人前天患了重感冒发烧了。酒店医生陪他去过医院，虽然打过针服过药，但仍不见明显好转，体温还是38.5℃。显然，摆在他们面前仅有3种选择；要么整个团队留下，待罗杰斯先生复原后一起北上；要么团队按计划去北京，让罗杰斯先生随团前往；再不就把罗杰斯先生留在南京，其余成员都去北京继续旅行考察。

第一个方案立刻遭到大家反对，因为这不仅将大大增加团队在中国的费用，而且北京那儿已作了接待的安排，何况罗杰斯先生何时病愈谁都心中没底。第二个方案符合原有计划，一切可以如期进行，但途中的劳累会加剧罗杰斯先生的病情，罗杰斯先生毕竟已是60多岁的人了。这样，就只剩下第三个方案了。但他们认为，他们无权向酒店开口提出这样的苛求，因为这可能会给酒店带来许多预料不到的麻烦，而且罗杰斯先生年事已高，万一……正当大伙儿在纳闷时，门铃响了，原来是客房部经理前来拜访。

“诸位一定在为罗杰斯先生的病情犯愁，”客房部经理简短寒暄后开门见山地说道，“酒店也在研究贵团的去留问题。总经理要我转告各位，你们的困难便是我们的困难，你们有什么要求尽可以提出，我们一定尽力办到。”

澳大利亚团队的领队在客房部经理的鼓励下，准备和盘托出他们的打算，当他刚刚开口提到欲让罗杰斯先生留在酒店，客房部经理接口便道，这正是酒店的意思，客房部经理接着便用一句“英雄所见略同”的成语，把房内沉闷的气氛一下子冲得无影无踪。房内所有澳大利亚客人都争着与客房部经理握手。

上午10点，团队准时离店，酒店韩总经理亲自为他们送行，并一再安慰他们放心前去。随后韩总经理亲临罗杰斯先生房间慰问，还送鲜花、水果。在接下来的4天里，客房部特地安排了3名服务员，一天3班轮流护理罗杰斯先生，从早上梳洗穿衣、熬粥、烹制清淡菜肴，到陪同看病打针服药等，这3名服务员统统给包下了。在酒店医生的精心治疗和3名员工的悉心护理下，罗杰斯先生很快便康复了。第五天，酒店派车把他送上去北京的飞机，罗杰斯先生感激得泪洒两腮。

**评析**

酒店接待团队时，常会遇上成员中有人生病的事情，这确实会给团队和酒店带来麻烦。在处理时，酒店首先应站在团队和患病客人的立场上寻找解决问题的办法。

本例中，饭店决定承担照料单独留下的病人的重任，无疑是站在客人立场上所做出的最佳选择。这样做的确会增加酒店开支，还会平添许多麻烦，但与饭店的服务宗旨相比，这些开支和麻烦都算不得什么。团队去北京后，酒店果然履行诺言，全力以赴照料好罗杰斯先生，使他能很快康复，从中可以看出饭店在社会上赢得良好名声的根本原因。

当然，本例中罗杰斯先生患的病不是十分严重。对于可以导致严重后果的病人，酒店在作此类决定时，还应谨慎为好。

### 思考题

1. 试述团队客人的服务程序。
2. 怎样做好对患病客人的服务？

案例 35

## 熬制中药

### 内容提示

熬制中药，在家里是一件很平常的事，但在宾馆、客房却是一道难题，因为在楼层客房，为了防止火灾，是不能有明火的。宾馆的服务员小尤和餐饮部的同事们通力合作，为住店的西藏拉萨客人熬药、送药，终于使客人痊愈。

### 案例正文

成都市中心地段有家名闻遐迩的宾馆，在总经理的带领下，全店员工上下一致，大搞软、硬件基本建设，奋力向四星级宾馆靠拢。就在这期间，一位来自西藏拉萨的客人下榻宾馆，住 208 房。

第二天早上 9 点，服务员小尤还不见 208 房客人开门，不禁心生疑窦。记得昨天刚来时这位客人脸色苍白、萎靡不振，到现在还没起床，莫非……

想到这里，小尤不由得担心起来。又是半个小时过去了，客人仍然未露面，小尤决定前去了解情况。

果然客人身体不舒服，也许是由于旅途疲乏，多年未发的旧病突然袭来，四肢无力，食欲全无。小尤见状，立刻与医务室联系，宾馆医生诊断后决定送医院进一步诊治。还好，医生说不需要住院，配了些药片，还开了张中药处方。

小尤又犯难了。配来的中药怎么办？按宾馆规定，客房里不准生火，这就把电炉煎药的可能性排除了。小尤到处找人想办法，最后想到了餐饮部。

尽管熬制中药不是一项难度很大的工作，但毕竟需要有容器，有人照看，还要有人一日两次送药、倒药渣、洗药罐等。小尤把拉萨客人的病情向餐饮部经理说明后，餐饮部欣然把煎中药的事承揽下来，小尤大喜过望。

当天下午,餐饮部便特地派人买来药罐,并指定专人负责煎制。客房部小尤等人负责送药,每日上、下午各一次,前后共7天。在客房部和餐饮部的通力合作下,每次煎好的药都能准时送到病人手中。第八天,病人痊愈了,他找到客房部经理,感激万分地说,他永远不会忘记宾馆对他的精心照料,下次来成都一定仍然住该宾馆。

### 评析

买药罐、熬中药、陪看病、问冷暖等都是比较典型的家庭生活。有宾馆是客人"第二个家"或"家外之家"的说法,如果客人在暂住宾馆期间真能受到与在家里一样的关照,便会带来客人对宾馆服务的高满意度。

有些酒店在攀星过程中偏重硬件而轻视软件,案例中的该宾馆则不然,他们是软件、硬件一起抓。在抓软件建设过程中,宾馆领导十分重视发挥员工的主观能动性,激励员工在平凡的岗位上干出不平凡的成绩;同时又结合宾馆实际情况,制定出一个鼓舞员工的《宾馆发展战略初步规划》,使全体管理人员和服务人员看到宾馆的光辉未来,从而甘心情愿地为建设宾馆的明天而奋发努力。本例中客房部和餐饮部就是由于受到这样的精神激励而携手合作,悉心照顾好那位西藏客人的。

另外,本例还从另一侧面介绍了宾馆在实施标准化服务过程中是如何灵活机动地执行规范,使服务规范中书面的条条框框充满生机与活力的。例如宾馆为保证安全,规定客房里不能生火,小尤便到餐饮部去想办法解决煎药问题,这就是服务规范的灵活运用。有人说,在酒店里,办法总比困难多,此例便是这一说法的佐证。

### 思考题

本案例中,小尤的灵活服务体现在什么地方?

案例36

## 故障房也得派用场

### 内容提示

客房部经常会因前厅部入住登记客人数量的变化,而出现临时性的"抢房"任务。某晚8点多钟,羽毛球大赛组委会在客房部中班服务员交班后,临时要求增加5间客房,并说没有OK房,故障房也可以。对于一家星级酒店来讲,故障房是不能出售给客人的。

## 案例正文

11月中旬,某中国羽毛球公开赛在大连举行,来自 12 个国家的运动员、领队和组委会成员 100 余人下榻在四星级的某大酒店。

15 日晚 8 点多,客房部中班领班小贾和其他几名服务员已做完了常规工作,然后又为参加羽毛球赛事的客人做好了夜床准备,小姐妹们开始更衣梳洗准备下班。

正在此时,客房部值班经理急匆匆来到服务室,告知大家:“总台紧急通知,因临时增加 10 名陪同人员,羽毛球大赛组委会要求加房,没有 OK 房,故障房也可以。客人马上就要到达。”

大家听后不由得一愣,虽然正好有 5 间故障房已经维修完毕,但尚未清理过,其中有几间原是常住客用房,家具还没来得及更换,备品也还没有安置,况且离客人抵店已没多长时间了,任务十分艰巨。小贾一班人别无选择,只有下定决心立即行动。

中班几名服务员与夜班办完交接手续,有的已经下班走了。为了满足顾客的紧急需求,小贾立刻把他们全部召回,经简明交代任务后,大家便兵分三路,投入到紧张的故障房恢复工作中去。晚 10 点 40 分,在中、夜班服务员的通力合作下,5 间故障房变成了 OK 房。20 分钟后,客人住进房间,他们全然不知两个小时前,这儿还是另外一副模样。

## 评析

酒店里服务员的劳动强度是很大的,做完一个班 8 小时后,员工普遍感到腰酸背疼、筋疲力尽,下班时间一到便巴不得早早回家倒在床上休息。某大酒店的小贾及客房部的几位服务员为了使客人住得干净、舒服,付出的辛劳是能够想见的。值得深思的是,这种工作劲头从何而来?

1.该大酒店各部门之间有着良好的协调关系。客房部的任务之一是配合总台销售,提高客房的利用率。客房部相对前厅部而言,前厅部是一线部门,客房部是二线部门。因为前厅部是接待客人的第一站,客人往往也把前厅部视为饭店管理机构的代表。前厅部发出的信息反映了宾客的需求,其他部门的员工负有为前厅部服务的责任,均应尽量满足前厅部的要求,积极配合前厅部做好各项工作。酒店客房部员工毫无怨言地加班加点“抢房”,既表现了该大酒店的管理水平和员工的团队精神,又充分显示了酒店内部各部门之间良好的协调关系。

2.该大酒店的领导以身作则,身先士卒,这是店内员工甘心不辞劳苦为客服务的主要动力之一。大酒店的张总经理于 2004 年 5 月底上任,正碰上旅游业最不景气的年头。偌大一个酒店才7个客人。张总亲自率领员工举着牌子到车站、码头招徕客人，到毗邻的虎滩乐园零售盒饭冷饮。正是这种艰苦奋斗的创业精神激励着每个员工，并证明在市场经济下领导的示范作用仍是十分有效的。

3.员工的团队精神还来自培训。现在国内有些饭店对新入店员工进行军训，请解放军指战员来店讲课。这种训练看上去只是教几个动作，有些参加军训的员工也是这样的想法，其实际意义却远非如此。酒店如同军队，员工必须像军人一样有服从命令听指挥的强烈意识。本例中总台的紧急通知就是一道紧急命令，员工除了无条件接受并执行外，没有别的选择。客房部小贾等人能够不辞辛苦，积极投身于紧急任务之中，正是酒店员工纪律性的体现。

### 思考题

怎样理解前厅部是客房部的“客人”？

案例 37

## 五分钟调换房间

### 内容提示

日本某酒店是世界十大最佳饭店之一，其服务水平有口皆碑，但两位中国客人劳顿一天，十分疲乏地回到房间时，却发现自己所住的客房清洁卫生状况甚差，饭店值班人员立即采取了相应的补救措施。

### 案例正文

日本某酒店的服务水准有口皆碑。2002年夏，两位中国客人赴日考察，下榻该酒店。

第二天，中国客人安排去九州参观，酒店知悉后即提供小面包车接送。开车的是位50开外的司机，自接客人上车离开酒店起一路上停留数处，每次上下车，司机都是站立在车门口迎送，90度鞠躬，两位中国客人感到很不好意思。

那天参观内容较多，回到酒店已是灯火阑珊。中国客人劳顿了一天，十分疲乏，走进房间却发现清扫很不彻底，桌上物品没有放齐，垃圾筒里还有上午临走时扔下的废纸，走进洗手间，发觉台上梳洗用品没有更换。两位客人便与总台接通电话，把房间情况叙述一遍，总台答应马上派人前来解决此事。

不到两分钟，值班人员已赶到中国客人的房间，先是规规矩矩地鞠躬，接着便是连声不迭的“对不起”。

“这么晚了，还给两位增添那么多麻烦，敬请原谅，”值班人员疚意深重地说道，“我马上请人给两位先生的房间重新清扫整理，并配齐所有物品……”

说到此处，他稍稍停顿一下，听听客人对此建议的反应。看到中国人没有表态，他又继续说道：“或者我立刻安排另一个房间，不知两位意下如何？”

中国客人接受了第二种补救措施。值班人员又深深地一鞠躬，感谢客人的谅解。他很快重开了一个 OK 房，亲自帮客人提行李，送进房间。

整个问题的处理不到 5 分钟。

## 评析

考察过日本酒店的我国同行回来都有一个感觉，即日本酒店的硬件设施与我国同级酒店相比，并没有好多少，有些酒店还不如我们，但是日本酒店员工的服务意识和业务素质明显高于我们。

在日本，无论低星级还是高星级酒店，从业人员至少有两点值得我们学习：一是礼貌。接受 90 度鞠躬是身居日本的一大享受。客人在酒店内走动，不管到达哪个岗位，员工必定暂停手中的活儿鞠躬致礼，还会站立一旁让客人通过，直到客人走远才继续工作。本例中那位司机每到一处便站在车门口迎接，即是良好职业习惯与道德的反映。二是微笑。总体上说，国际友人认为在日本酒店见到的微笑更多、更甜、更富有亲情。问候语和“May I help you?”(我可以帮助您吗?)在日本随处可以听到。相比之下，我国酒店便显得不足。现在不少酒店已经觉察到这一点，并采取了种种措施，但“微笑”水准还不高，人情味还不足。

该酒店晚间值班人员处理事情的效率也值得学习。值班人员 2 分钟内赶到客人房间，整个问题的处理不到 5 分钟。服务效率低这一弊病在我国部分酒店仍然存在，他们在抓服务质量的时候，更多考虑的是态度和技能，较少关注服务效率，其实服务效率不高，在很大程度上已经影响了部分酒店的形象与声誉。

当然，本例中该酒店客房工作没做好，致使中国客人投诉，这是不足取的，但是他们发现问题后能以最快的速度补救，并给客人两种选择，这样的处理效率与方式值得效法。

## 思考题

1.该案例中的值班人员是怎样做好弥补服务的？

2."犯错误并不可怕，可怕的是重复犯同样的错误"，你怎样理解这句话？

案例38

# 晨衣、三眼插座与特大号拖鞋

## 内容提示

随着海外游客、国家元首纷纷到我国进行访问和进行国事活动，高星级的饭店往往会承担起接待国外元首的重任。意大利总统佩尔蒂尼、斐济的总统、美国的总统里根及其夫人都曾访问过中国某市，下榻过某饭店，五星级的某饭店为他们提供了出色的服务，至今传为佳话。

## 案例正文

### [案例A]

### 里根夫妇的晨衣

1984年美国总统里根到某市访问，下榻某饭店。里根总统和夫人南希早上起来，服务人员已经准备好了晨衣，里根和夫人穿上一试，不由得惊讶起来："哦，这么合身！就像为我们量了尺寸定做的。"里根和夫人没有想到，某饭店早已留有他们这方面的档案资料，而且还知道南希喜欢鲜艳的红色服饰，事先专门为她定做了大红缎子的晨衣。为了感谢某饭店出色的服务，里根在离开某饭店时，除了在留言簿上留下他的赞誉之词外，还特地将他们夫妇合拍的照片夹在留言簿内，并在照片的背面签赠给某饭店留念。

### [案例B]

### 佩尔蒂尼总统的三眼插座

意大利总统佩尔蒂尼访问中国，来到某市，下榻某饭店，住进了总统套房。佩尔蒂尼总统进入房间后，取出自己的物品，并将电动剃须刀放在盥洗台上。负责为总统服务的是位男服务员，他发现总统带的电动剃须刀是三插头的，而某饭店客房内的插座均为两眼。第二天早上，总统打铃，服务员走进他的房间，未等总统开口，服务员就把事先准备好的三眼插座递了上去。总统惊讶地接过插座，说："太好了！我刚发现插座不能用，你就给我送来了三眼插座，服务真周到！"这位服务员的服务可谓丝丝入扣，使总统惊叹不已，总统在访问我国其他城市时，对这件事仍然津津乐道，不住地赞扬。

## [案例C]

## 斐济总统的特大号拖鞋

当年，斐济总统访华，在他访问了中国其他几个城市后来到某市，下榻某饭店。这位身材高大的总统有一双出奇大的脚，因此，在中国访问期间，一直没有穿到一双合脚的拖鞋。但此刻，当他走进某饭店的总统套房，一双特大号拖鞋端端正正摆在床前，总统穿上一试，刚好合脚，不由得哈哈大笑，问道："你们怎么知道我脚的尺寸的?"服务员答道："得知您将来某市，下榻我们饭店，公关部人员早就把您的资料提供给我们，我们就给您特地定做了这双拖鞋，你看可以吗?""舒服，太舒服了，大小正好！谢谢你们!"当总统离开中国时，特意把这双拖鞋作为纪念品带回斐济。

### 评析

某市某饭店是我国著名的一家五星级酒店，它曾多次成功地接待了到我国进行国事访问的外国总统和总理。怎样才能接待好国宾呢？某饭店给予了我们很好的启迪。

1.事前尽可能详细地搜集资料，建立国宾的客史档案。客史档案是指饭店工作人员对客人入住饭店后的实际消费需求和参加社会业务活动的日程进行收集，并以文字、图表记录整理的信息资料。客户档案要设立以下几类：常规档案、个性档案、习俗档案、反馈意见档案。客户档案是对客源的科学管理，也是为客人提供针对性的个性化服务的依据。某饭店存有所有下榻饭店贵宾的档案资料，这是某饭店不同凡响之处。为了接待好美国总统里根夫妇、意大利佩尔蒂尼总统、斐济总统，某饭店通过我国驻外使馆、外事机构，以及查阅有关资料和观看有关录像片等多种渠道，及时掌握前来饭店下榻的国宾的生活爱好、风俗习惯，即便是一些细节也从不放过。正是这些客史档案的建立为某饭店赢得了百万宾客赞誉的口碑。

2.把客人的需要放在第一位。我们每位服务员不可能都去接待外国总统，但某饭店把客人的需要放在第一位的服务精神值得我们学习。每位服务人员心中要有一本客情档案，凡是接待过的客人的姓名、国籍、爱好、忌讳都要记在心上，以提供对其胃口的食品、对其心思的服务。这就要求服务员要做个有心人。这样，客人受到这种高礼遇，自尊需求得到极大的满足，就会产生亲切感。里兹·卡尔顿酒店的黄金标准中写道："所有员工必须知道客人的需求，这样我们方能把客人期望的产品和服务提供给他们。"这就是世界上最先进的服务。

3.注重超前服务与细微服务。所谓超前服务是指把服务做在客人到达饭店之前,满足客人明确和隐含的需求。里根夫妇合身的晨衣、南希夫人喜欢的鲜艳的红色服饰、斐济总统合脚的特大号拖鞋,这些物件对国宾来说虽然微不足道,但却给客人带来物质和心理上的极大满足,这就是超前服务的魅力所在。

客人的需要是不断变化的,客史档案不可能完美地收集到客人所有的生活资料,这就需要现场服务的管理人员和服务人员有一双敏锐的眼睛,善于察觉易于疏漏的细枝末节,并预测客人的需求,及时采取措施,解决客人的困难,提供恰到好处的服务。服务员主动为佩尔蒂尼总统的房间配上三眼插座,看起来是个简单的服务项目,却起到了事半功倍的大效果。这类服务虽属举手之劳,却充分体现了对宾客由衷的尊敬,给客人带来极大的方便,甚至令其终生难忘。这位服务员并无惊人的服务技巧,他能够在细微之处发现寻找潜伏着的服务需求,正是具有强烈的服务意识的体现。酒店行业有一句行话:“主动寻找服务对象。”怎么找?到哪里去找?答案是:“服务员不仅要照顾好面上的工作,更要关注深处的动态。”只有这样,才能为客人提供体贴入微的高水平服务,才能达到“服务在客人开口之前”的超然境界。

### 思考题

1.怎样才能做好对 VIP 客人的服务?

2.为什么要重视细节服务?

3.怎样理解客房的舒适度?

案例 39

## 应该追究谁的责任

### 内容提示

加拿大旅行团领队约翰房间里的两张床铺上倒了许多茶水,致使客人无法睡觉,是谁的责任呢?

### 案例正文

4月2日凌晨,下榻某饭店的加拿大旅行团领队约翰先生打电话给客房部经理,报告他房间的两张床铺均是潮湿的,有人故意在上面倒了许多茶水,致使人无法睡觉,要求酒店做出解释并追究责任。

经过现场察看,客人反映的情况属实。约翰先生白天随团外出游览,下午回店进房时床铺还是完好的,17 点 30 分以后房间钥匙一直是随身携带的,但晚上该团有 4 名团员一直在约翰先生的房间聊天至次日凌晨。而 4 月 1 日是西方国家的愚人节,此事系这 4 名团员与领队开玩笑所造成的。

针对上述情况,酒店方面立即采取措施,给客人更换房间,使客人能尽快休息。另外,酒店就此事造成的损失作了索赔的决定,要求赔偿:

1.洗涤费:席梦思垫 100 元/张,床单 30 元/张。

2.因次日清理床铺,此房暂不能出租,房费 255 元。

**评析**

1.我国民法有关条款指出:公民、法人违反合同或者不履行其义务的,应当承担民事责任。公民、法人由于过错侵害国家、集体的财产,侵害他人财产、人身的,应当承担民事责任。当事人一方违反合同受到损失的,应当及时采取措施防止损失扩大;没有及时采取措施致使损失扩大的,无权就扩大的损失要求赔偿,因此酒店上述索赔要求,是十分合理的。

2.旅馆与旅客之间存在着一种合同关系,一旦合同成立,双方就要履行各自的义务。旅馆有责任向旅客提供完善的服务和服务设施,有权要求旅客爱护馆内一切设施和财物。旅客由于故意或过失损坏了旅馆的设施和财产,旅馆有权要求旅客恢复原状或者折价赔偿。旅馆如果因此遭受其他重大损失的,有权要求旅客赔偿损失。如旅客损坏了客房内的家具或其他设施,以至于该客房不能马上使用,则侵害人就应该赔偿该房间不能使用期间的相应损失,而旅馆则应尽快使房间恢复到可以使用的状态。

旅游者必须遵守所在地有关法规。尽管约翰先生等系外国人,但在华期间所涉及的具体事务应以中国现行的法规办理。

**思考题**

要求客人赔偿损坏物品时,饭店应具备哪些法律意识?

案例 40

# 夜间访客时间过了……

**内容提示**

为了住店客人的生命财产安全,饭店对访客时间都作了限制。可是,已是午夜 12 点了,610 房间的访客仍然没有离开的意思,客房服务员几次打电话委婉地提醒客人,可 610 房间的客人却大动肝火。

## 案例正文

已是午夜12点了，访客时间已过，610房间的访客尚未离开，服务小姐即拨电话到客人房间："对不起，王先生，您这儿有访客是吗？我们酒店规定的访客时间已经到了，请您协助，提醒您的访客离开，好吗？"

尽管小姐极力将语气放得柔和委婉，并尽可能采用"请"、"对不起"一类礼貌语，但610房的客人还是火了："催什么催，住酒店又不是蹲大狱，盯那么紧干吗？真是花钱买罪受！"小姐挂上电话，心里很委屈，但并不气馁。

于是，她就每隔半小时去一次电话。打第二次电话时，她说："您好，王先生，我是六楼服务员，打扰您很抱歉，只是酒店规定的访客时间已过，您的访客该离店了，特地提醒您。"停顿一下，看看他的反应，他沉默不语，她便说："可能您还有事得谈完，您再谈一会儿吧，过一会儿，我再给您来电话。"由于语气平和，并给他一个余地，客人便不好说什么了。

又过了半小时，服务员又打电话："您好，王先生，我是六楼服务员，欢迎您的朋友来我们酒店，只是现在酒店规定的访客时间已过多时，如果你们还要继续交谈，欢迎您和您的朋友到我们楼下的咖啡厅去，它将24小时为您提供服务；如果您的访客要留宿，我们也很欢迎，请您到总台办理好登记手续。"

过了30分钟，服务员再次拨来电话："您好，王先生，看来您的访客是想留宿了，我们很欢迎，如果您不方便，我通知总台上门为您朋友办手续，行吗？"服务小姐反复的巧语软磨最后终于奏效，王先生的访客离了店，因为访客并不想办理住宿手续。

为了酒店和客人的安全，饭店必须坚持夜间的清房制度，而这项专门的服务需要耐心、智谋和语言艺术，这对服务员是一种考验。当然，如果劝说实在不奏效，那么还是有必要请保安人员出场配合。

## 评析

访客就是有目的地前来饭店探望的亲朋好友或业务伙伴以及其他前来问询的客人。为了保护住店客人的生命财产安全，饭店必须坚持夜间清房制度。我国公安部门对访客时间也做了规定：深夜11点以后，禁止访客在饭店客房内逗留。但是大多数访客对住店客人又是十分重要的，接待好访客，就是为住店客人提供了良好的服务，而且这些访客很可能成为住客下次选择饭店的主要影响者。怎样才能保护住店客人的生命财产安全和饭店的利益，又能妥善地处理好访客违规的事情呢？本案例中，这对服务员是一种考验，客房服务员作了有益尝试。

1. 坚持饭店夜间清房制度，讲究语言艺术，礼貌、耐心、委婉而又坚决地请深夜违规的访客按饭店的规定离开楼层房间，尽管客人大动肝火，服务员自己也觉得委屈，但服务员并不气馁，一而再、再而三地请访客尽早离开。

2. 掌握好时机，同时又给客人留有余地，“可能您还有事得谈完，您再谈一会儿吧”，听到服务员这样说，发火的客人也不便说什么了。

3. 巧语软磨，热情服务又不让步，让客人明白访客这时只有两种选择：一是办理入住登记手续，付费住店；二是离店走人。既然访客并不想办理住宿手续，那就只好无奈地离店而去。当然，如果劝说实在不能奏效，那么只好请保安人员出场配合。

目前，有的饭店为了不得罪住店客人，对访客采取放任自流的态度，结果是住店客人被抢、被盗甚至被杀的事情时有发生，饭店设施设备和利益也受到损害。特别是有的饭店实行客房服务中心后，楼层不设台班服务员，又没有配置相应的计算机管理系统和电子门锁系统，酒店和客人的安全就更难以保证。因此，饭店绝不能顾此失彼，为少数顾客的满意而损害大多数顾客和酒店的长远利益。

### 思考题

1. 为什么饭店必须坚持夜间清房制度？

2. 怎样才能妥善处理好访客违规的事件？

案例 41

## 半卷卫生纸

### 内容提示

客房服务员小陈接到日本客商从房间打来有事相烦的电话，当她轻轻敲开房门时，一团卫生纸突然朝脸上飞来，顿时将她打蒙了。

### 案例正文

一位日本客商住进了浙江宁波的某宾馆。一会儿，饭店客房部忽然接到这位日本客商从房内打来的电话，要求派人去房，有事相烦。服务员小陈被派前往。小陈来到客人门前，轻轻敲门，只听客人大喊一声：“进来！”小陈轻轻推开房门，刚打开房门，一卷卫生纸突然朝她的脸上飞来，打个正着，把小陈打蒙了。定睛一看，日商怒容满面，像是好斗的公鸡。原来他刚跨进卫生间，发现卫生纸只有半卷，顿觉受了慢待，便大发脾气。

小陈捡起卫生纸，心想这是清洁员的粗心造成的，忙向客人道歉："对不起，先生，是我们工作失误。"小陈回到工作间，想着自己所受的委屈，泪水不禁夺眶而出。但她很快冷静下来，一手拿着一卷完整的卫生纸，一手捧着一盆鲜花，带着笑容重新跨进那日本客商的房间，将鲜花与卫生纸分别安放妥当，转身走出了房间。原来小陈考虑再三，认定客人发火事出有因。有错的首先是饭店，清洁员不该疏忽，将用过的半卷卫生纸留给新到的客人使用。

后来，那位日本客商自知有错，遂向饭店总经理正式表示道歉，对服务员良好的服务态度给予高度评价，并拿出美元若干，诚恳地请总经理为服务员发委屈奖，同时，决定在饭店住下，成了一名长住户。

## 评析

客人对酒店服务的评价不是具体对某一项目、某一位服务员的，客人不满意，那就是对酒店不满意。本案例中，清洁整理客房的服务员没有按照走人房的清洁整理规范进行操作，重新配置新的卫生卷纸，而是将前一位客人没有用完的半卷卫生纸继续保留，结果给新来的住客以这样的感受——使用别人用剩的东西，难怪客人会怒容满面，像是只好斗的公鸡。从表面上看，日本客商用半卷卫生纸打服务员小陈是没有道理的，因为责任和过失在于那位可确认的卫生班服务员。但是，客人只注重效果和实际感受，他绝不会去追究哪一位服务员的责任，而是认为这家酒店服务质量不好。客人眼中认的是酒店，而不是员工。因此，每一位员工都要清楚地认识到：他们的服务绝不是代表个人的行为，而是代表酒店的，不管在任何岗位上，碰到任何问题，都必须站在酒店的整体立场上满足宾客的需要，这就是整体服务意识的真谛。

试想，服务员小陈如果当着客人的面把责任推给卫生班的那位服务员，对客人的过激举止痛斥一番，其结果当然只能是火上浇油、扩大事态，酒店从此失去这位日本客人。服务员小陈的难能可贵之处在于：她表现了强烈的整体服务意识，把一切责任揽在了自己的头上，并以酒店的主人身份向客人致歉："对不起，先生，是我们工作失误。"她不去计较客人的过激行为，把"对"让给客人，而且"一手拿着一卷完整的卫生纸，一手捧着一盆鲜花，带着笑容重新跨进那日本客商的房间"，圆满地处理好了半卷卫生纸引起的风波，使日本客商成为饭店的常住客人。

在市场竞争中，每一家酒店就是要造就一大批像小陈这样的优秀服务员，维护酒店的整体服务形象，提高酒店的美誉度，同时搞好酒店各个环节的服务质量，从而去开拓市场，占领市场。

### 思考题

1.试写出三星级饭店标准间客用品的配备规范。

2.整体服务意识的意义何在?

3.通过本案例,你怎样理解“把‘对’让给客人”?

案例 42

## 冷峻的日本客人笑了

### 内容提示

日本客人一般很热情,见到人喜欢微笑和点头,可木村先生却是一脸乌云。服务员小李用“四个一点”终于感动了木村先生。

### 案例正文

木村先生在北京某饭店一住便是 4 个月。他 30 多岁,个儿很高,约有 1.85 米,头发总是梳得光光的,西装、皮鞋、领带几个月一直整洁如新、一尘不染。日本常住客人见到服务员一般都很热情,又是微笑,又是点头,可是木村先生来到饭店后,与服务员相对走过总是爱理不理、视而不见。他的反常表现引起了负责这个块区服务员小李的注意。他曾多次试图接近木村先生,但收效甚微。

一天在送木村先生的一位朋友时,小李意外获悉,木村先生是很爱说笑的,只是因为半年前在我国南方工作时他的一块最心爱的手表丢失在某宾馆客房里,他怀疑是服务员偷走的。从此,他对饭店员工存有戒心,笑容也同时给“锁”住了。

小李决心用自己的行动在木村先生心中重新塑造中国饭店员工的形象。

首先,他注意到看电视时木村先生特别爱看体育节目,凡是足球或拳击比赛他总是看得津津有味,读报时他通常先翻阅体育版。于是,小李在工作之余常跟他闲聊体育明星的事儿。为了丰富话题,小李阅读了不少书报,掌握日本著名柔道、相扑运动员的成功史和轶闻。果然,木村先生心中那扇紧闭了 4 个月的“铁门”终于打开了一条缝。

在生活上,小李尽量给予木村先生特别的关心。例如木村先生身材高大,饭店里的浴袍太短,小李就到布巾部去换了两件特大号的,轮流供其使用。木村先生也注意到了这一变化,因此,心中的最后一道“防线”终于被攻破了。

某个星期日上午，木村先生一反常态，蓬松着头，衣冠不整，匆匆奔出房间。小李见了忙主动问候，不料他并不理睬，低着头径直朝电梯赶去。小李去打扫房间时发现，地毯上一大堆呕吐物，发出一股难闻的气味。他二话没说便动手干了起来，花了很多时间才使房间恢复原状，然后又去仓库借来地毯清洗机，把地毯彻底洗了一下，还在各个角落喷洒香雾。在做夜床时，小李发现脏床单下有一个鼓鼓囊囊的皮夹，便立即报告领班，并在领班给客人留言后，郑重地将皮夹放在书桌上。

翌日清晨，木村先生见到小李，第一次展现了发自心底的微笑，"寒冬终于过去了"。

### 评析

北京某饭店尽管地理位置处于劣势，规模又过于庞大，管理上有很多困难，但由于牢牢抓住了优质服务这个关键，在2400多名员工的共同努力下，经营状况始终处于我国数千家涉外饭店的最前列。中方总经理曾提出过"微笑一点，热情一点，主动一点，多做一点"的要求，还展开了"四个一点"竞赛，取得了理想的效果。

本例中服务员小李在改变日本客人的偏见时，就是在"微笑"、"热情"、"主动"、"多做"四个方面下了工夫。优质服务含有感情交流的成分，小李在感情上缩短与木村先生的距离，采取以热心换冷心的战术，使木村先生的心终于升温。"最后防线"的突破似乎是天赐良机，带有偶然性，其实不然，这是小李优质服务的必然结果。

### 思考题

在本案例中，服务员小李是怎样通过"微笑"、"热情、""主动"、"多做"改变日本客人偏见的？

案例43

## 小姐，对不起……

### 内容提示

为客人提供一个安宁的环境，保护客人的生命财产安全，是饭店经营管理的宗旨之一。凌晨两点，成都某宾馆5楼一位漂亮的小姐扶着一位喝得醉醺醺的先生进了房间，引起了客房巡视服务员的高度警惕。

## 案例正文

一天深夜，已近凌晨两点，客房部5楼的服务员小张像往常一样在安静的走廊里巡检着。这时，一位漂亮的小姐扶着一位喝得醉醺醺的先生来到了某个房间的门口。看样子，这位先生又喝多了，前两天，小张也曾碰见过他喝醉的情况。今天这位先生可能喝得太多了，迷迷糊糊地摸出了入住宾馆登记卡，却怎么也找不到开门的钥匙卡了。小张主动上前查看过他的登记卡后，就替他开了门，帮着那位小姐将他扶进了房。一进房，客人就扑倒在床上呼呼大睡，人事不省了。小张看客人安顿下来，就等着同那位小姐一齐离去，因为她清楚地了解这间房的房态：这个房间只住了这位先生一个人。

谁知，那位小姐却磨蹭着不出门。小张立刻敏感地意识到这位小姐并不想离去，只好微笑着提醒她："对不起，小姐，您不是住这间房吧？"小姐有点吃惊，随即笑着说："我是他的朋友，留下来照顾他一会儿。"小张想：这怎么行呢，没有入住手续，又没有客人许可，不能让她单独和昏睡不醒的客人在一起。安全意识极强的小张马上向她礼貌地表示抱歉："对不起，您这样做是不符合我们的规定的，请您理解。"小姐有些无奈，便提出要拿走桌上的一个小皮包，称这是白天她放在这儿的。这也不行，客人已经熟睡不醒，没有得到客人的证明和许可，房间里的任何东西都不能被拿走，这是住店客人的权利。于是，小张对此也表示了抱歉："对不起，小姐，您的朋友已经睡着了，还是等明天他睡醒后，您再找他还给您吧。"这时候，那位小姐开始愠怒起来，对小张也颇有微词了。但是，小张仍然坚持不让她拿走皮包，因为小张知道，最大限度地保障客人在宾馆住宿时其安全和利益不受损害、尽量避免任何事故发生的可能性是每一位服务员的职责。所以小张再次礼貌地向那位小姐解释，请她理解与合作，并提出，如果她执意要拿走那个包的话，可以先与我们的上级或是宾馆安全部门协商。

那位小姐终于没有拿走那个皮包，悻悻而去，松了一口气的小张轻轻关上客房门。这件事要做好记录，并向部门领导汇报，明天，还要将今晚所发生的事向客人做个解释，她一边这样想，一边又继续开始了她认真的巡视……

第二天客人清醒后，客房部立即与他联系。当客人得知事情的经过后，非常激动，原来房间桌上的小皮包正是这位客人的，而不是搀扶他回房的小姐的。由于小张高度的安全意识和严肃认真的工作态度，才避免了客人的财产损失，也维护了宾馆的形象。

## 评析

对外实行改革开放是我国一项长期的国策，作为对外开放窗口之一的旅游饭店，会遇到形形色色的人在店内出现，作为饭店的工作人员，一方面要尽量满足顾客的合理需求，同时也要满足社会的需要，让客人的言行符合国家有关法律、法令、法规、安全等多方面的要求。成都某宾馆客房服务员小张就具有这方面的安全意识和应变能力。

首先，她有较强的职业敏感度。当小张帮着那位小姐将喝得醉醺醺的客人扶进房间后，就等着和那位小姐一齐离去，因为她清楚地了解自己所负责楼层区域内的房态：这个房间只住了这位先生一人。

其次，小张具有极强的安全意识。最大限度地保障客人在宾馆住宿时其安全和利益不受损害、尽量避免任何事故发生的可能性，这是饭店每一位服务员的职责；没有得到住店客人的证明和许可，房间里的任何东西都不能被他人拿走，这是住店客人的权利；不能让没有入住手续且未经客人许可的陌生人单独与因酒醉而昏睡不醒的客人在一起，等等。正是因为小张有这样高度的安全意识才避免了客人财产遭受损失的事故，维护了成都某宾馆的形象。

再次，小张在制止陌生小姐的不良企图方面，表现了有礼、有节的应变能力。小张先是微笑提醒其离开，然后是表示抱歉，让其理解饭店的规定，当那位小姐愠怒起来，对小张颇有微词时，小张一方面再次抱歉和礼貌地向其解释，请她理解与合作，另一方面坚持不让其拿走放在房间的小皮包，并提醒她，如果执意要拿走皮包，应先找饭店上级和安全部门，终于让陌生小姐知难而退，悻悻而去。

最后，小张还表现了良好的服务素质，做好事件的记录，向上级及时汇报，第二天还向清醒后的客人解释事情发生的经过，从而尽善尽美地处理好了一件可能发生的事故。

## 思考题

1.饭店员工应具备什么样的安全意识？

2.怎样做好住店客人的安全与利益的保护工作？

3.本案例中，小张的应变能力体现在什么地方？

案例44

# 人人都有促销的机会

## 内容提示

在市场经济中，营销是饭店经营活动的重要内容。在传统理论中，营销活动通常认为是专职营销部门的工作，其他部门一般很难参与饭店的营销活动。其实，饭店的每一位员工都有促销的机会。南京市某饭店客房部的服务员王小姐就是一位出色的销售人员。

## 案例正文

客房部的服务员王小姐正在值台。有位住在1002房的客人打来电话说："小姐，能否介绍一下南京有什么好玩的地方。我们明天想走了，南京没有什么玩头。"王小姐对此感到纳闷，以前也听人说南京留不住客，客人或挥师北上或挥师南下。王小姐将他的电话接至分机，一边处理电话，一边跟他说："对不起，先生，如果您不介意的话，您的看法我实在不敢苟同，南京，历史上曾有六个朝代的帝王在此建都，六朝古都能有几何？钟山之地，虎踞龙蟠，珍珠泉池，玄武湖畔，中山陵气势磅礴，明孝陵古人石像高大威猛，十里秦淮夜色迷人。南京有四十八景，不知您去了哪些景点？"客人说："我们去了大桥和玄武湖。"王小姐又问："您既去了玄武湖，您知道湖畔还有个台城吗？"客人说不知道。王小姐接着说到："台城，历经六个王朝，各王朝都曾将台城作为帝王之都的宫城。千百年来，多少文人墨客在南京留下千古绝唱，这样的文化名城怎么能不去游览呢？这仅是四十八景之一啊！古城，既可浏览湖光山色，又可探访古迹，相信您感觉定有不同，也不虚您南京之行啊！"客人对这样的回答感到非常满意，他说："原来还有这么多的景观，看来得找个像你这样的导游，慢慢地多玩几天。"

## 评析

由于饭店提供的是以食宿为主的服务，因此，饭店的营销不同于实物产品营销，除了产品与价格的因素外，它更强调如何通过营销活动建立与客人的长期关系，并将这种关系的建立与巩固视作饭店营销的主要目标。饭店要增进与客人的关系，良好的销售是必不可少的，而良好的销售主要不是指专职销售人员的出色表现，而是指饭店全体员工的共同努力，包括饭店的优质服务以及不断推出的各种新的服务承诺，尤其是一线员工在与客人接触的关键时刻积极地营销活动。客房服务员王小姐抓住促销的机会，以真诚的服务既给客人当了满意的导游，又留住了客人，给酒店带来了经济效益。

促销是一门技术，也是一门艺术，每位员工不仅要掌握饭店产品的信息，而且还要尽可能地掌握当地旅游景点、旅游交通、购物等方面的信息。饭店只有具备满足顾客各种特殊服务要求的能力，才能让客人亲自体验到饭店的优质服务，从而成为饭店的回头客人。服务员王小姐对南京的风景名胜了如指掌，如数家珍，既让1002房客人信服，又使客人高高兴兴地愿意多住几天，以饱览六朝古都南京的风貌。可见，优质服务就是最好的促销。

### 思考题

1.为什么说饭店员工人人都有促销的机会？

2.客房部员工怎样才能做好产品的促销工作？

案例45

## 玫瑰色套装

### 内容提示

一位住店的东北客人很喜欢服务员小王下班后换上的玫瑰色套装，小王千方百计地为客人买到了满意的衣服。

### 案例正文

小王是刚从职业学校毕业分配到西安某宾馆的一名新员工，她容貌姣美，是大家公认的漂亮小姐。她又是工作上的好手，虽来店没几个月，却已多次获得客人的表扬。

一个春日的早上，小王穿上工作服，一间房一间房地打扫。当她按响309房的门铃时，一位东北客人惊喜地喊了起来："真是你啊！"小王被搞得稀里糊涂，不知发生了什么事。

"你不要惊慌，"东北客人连忙安慰小王，"昨天你下班换上自己的服装时，我发现你的外套实在太迷人了。我在东北一直想买这样的套装，也是玫瑰色的，可就是没找到。昨天见你风度翩翩地从我门口掠过，我惊呆了。告诉我，哪儿可以买到你那样的套装？"

小王听完客人的这番话才放下心来。她给客人画了一张示意图，告诉客人卖这种套装的那家大商店的位置。



当天下午，小王下班时特意到309房间，没想到东北客人一脸不高兴的神色，原来那家大商店刚刚售完玫瑰色的套装。

“您别着急，今天我到市中心帮您去看看，上星期我在百货公司的橱窗里也看到过一件，或许那儿还有。如有货的话，我会打电话告诉您，您好亲自去看一下。”小王说完便与东北客人道别，转身朝楼梯口走去。

当天晚上小王没有来电。

第三天小王做早班，下午3点就下班了。她告诉东北客人，市中心的百货公司也早已售完这种套装，连模特儿身上的那套也给换下了。今天下班早，我再到本市另一家商场去看一看，听说那里正在搞大型服装展销会。

第四天小王拎了个大马夹袋，提前半小时来到宾馆。她先给309房打了个电话，说：“昨天商店到了一大批货，各种尺寸俱全，衣服买到了。我估算了一下您的尺寸，如不合适凭发票可以调换。”东北客人终于买到了朝思暮想的玫瑰色套装，她激动地握住小王的手久久不肯放下。

### 评析

为客人买衣服不是宾馆的常规服务内容，但如果知道住店客人有这样的愿望时，服务员应该尽量满足，这也是国际上已经比较多见的一种个性化服务。这种服务分为两个层次，第一层次是按个别客人的个别要求，宾馆安排人员设法满足；第二层次是宾馆出于对客人的尊重和关心，或为满足客人心理方面或物质方面的要求，而主动提供给客人的服务。本例中西安某宾馆的服务员小王对东北客人的这种服务体现了宾馆服务员的优质服务水平。

### 思考题

为什么说服务员小王体现了优质服务的水平？

案例46

## 名牌衬衫上的锈斑

### 内容提示

某饭店的服务质量有口皆碑，一件扔在垃圾桶里的有锈斑的名牌衬衫又焕然一新地邮寄给马来西亚的吕先生家中，吕先生真是喜出望外。

### 案例正文

刚评上四星级酒店不久的某饭店的员工们没有沾沾自喜，而是在服务质量上更加严格要求自己，用酒店韩总经理的话说，酒店的软硬件均要达到名副其实的四星级标准。有这样一件事,从一个侧面反映了该店的服务质量。

某日早上,楼层值台被告知707房的马来西亚客人吕先生已退房。服务员小岳进房整理时,一眼便瞥见扔在垃圾桶里的一件白衬衫。她提起一看,嗬,是一件名牌货!衬衫还是九成新的,她不明白,这么好的衬衫,客人为何扔了呢?她再一看,发现衬衫左肩上有一块锈迹,有巴掌那么大,这下她才知道吕先生为什么不要它了。

在班务会上,小岳汇报了这一情况后说:"我认为,707房客人扔了这件质地很好的名牌衬衫,显然是肩上的锈斑使他忍痛割爱。我仔细察看了锈斑,觉得我们的洗衣房有办法去掉它。如果衬衫不再有锈迹,客人一定还会喜欢它的。我们何不送到洗衣房重洗,再寄给客人,让他惊喜一阵呢!"

小岳的意见得到了班内其他员工的支持,于是这件衬衫被送到洗衣房。果然,经洗涤后,左肩上那块淡黄色的斑迹已荡然无存,整件衬衫又显现出名牌的诱人风采。

客房部一名主管立刻去总台联系,要求帮助查清上午退房的吕先生在马来西亚的住址。当天傍晚,小岳把装着干干净净名牌衬衫的小箱子给吕先生家中邮寄去了。

10天后,饭店韩总收到吕先生从马来西亚打来的电话。吕先生连声夸奖酒店的服务态度,并说他已将把此事写成文章发表在当地一家报纸上。

**评析**

按常理,客人扔进垃圾桶的东西酒店可以作为废物处理,然而在注重服务质量的这家饭店,这件普普通通的小事却没有逃过具有较强洞察力的服务员小岳的眼睛。首先,一件九成新的名牌衬衫竟出现在垃圾桶里,这样的事情在生活中并不多见,便引起了她的注意,强烈的责任感使她拎起衬衫细看起来。接着是在班务会上小岳陈述自己的看法和建议。她能够这么做全凭她日积月累的实践经验和强烈的服务意识。

酒店员工固然可以在本岗位的日常操作中为客人提供优质服务,然而还有许多机会却是"乔装改扮"地潜隐在琐碎事务之中。不同的员工对待那些不起眼的小事有不同的态度,这正是员工之间服务水准的差距所在。小岳之所以能慧眼识良机,是因为她具有自觉为客人服务的态度和善于为自己创造服务机会的能力。

"酒店无小事",这话千真万确。顾客享受的价值正是通过饭店员工在注重每一个服务细节和细心揣测顾客要求的基础上,进行到位、到家的服务而创造出来的。酒店领导应该教育自己的员工明白这一点。

### 思考题

1.什么叫服务意识?

2.怎样理解"酒店无小事"?

3.怎样使对客服务工作能"满意加惊喜"?

案例 47

## 不许挪动的位置

### 内容提示

英国伦敦某酒店成功地接待过不少具有各种各样怪癖的世界名人。英国颇有名气的演员科沃特就是这样一个有着特殊癖好的名人。

### 案例正文

一天,英国伦敦某酒店 507 房里传来了呵斥声,不一会,一个服务员愁眉苦脸地出现在客房部经理办公室,他正在接受经理的询问。

原来,507 房的客人是英国颇有名气的演员科沃特,他每次来伦敦必住该酒店。他喜欢预订房间,所以每次做好日程安排后即给酒店去电话,要求腾出 507 房。他还有一个怪癖,房内的物件都必须按指定位置安放,不可随意移动或增减。今天他大声责骂服务员,就是因为发现一个放有花盆的茶几被挪动了。

"你必须立刻回 507 房向科沃特先生道歉,并向他保证以后再也不会发生同样的事情。"经理向这个服务员下达命令。

"要我去道歉我没意见。可是要保证一切按原样摆放,我担心做不到,因为客人一直在换……"服务员不无委屈地解释。"我们是世界上一流的酒店,客人的需要就是我们服务的目标,我们有什么理由不满足科沃特先生这一要求呢? 我相信你会有办法的。"经理对自己的下属一向很有信心。

服务员回去后思索了半天。第二天他带了照相机,走进 507 房从几个不同的角度把房内所有布置统统"记录"在胶卷上。另外,还用尺子丈量了许多尺寸,把数据原原本本写进笔记本内。他手里有了这些资料后,不再害怕科沃特先生的苛求了。

### 评析

该酒店向科沃特先生提供的特殊服务也是一种个性服务,即按各个客人的特殊情况分别给予服务,以满足各种特殊需求。

首先,一家高星级酒店如果把自己的员工培训成仅能按规范和标准提供服务,那是远远不够的。在酒店业异常激烈的市场竞争中,立于不败之地的法宝就是服务质量。对于高星级酒店,服务质量更多的是指超值服务或个性服务,某酒店的声誉是以优质的个性服务为基础的。

其次,客房部经理启迪服务员思索,让其自己去寻找提高服务质量的钥匙,这种教育方法很值得推崇。酒店里每天都可能有意想不到的事情发生,众多客人的需求绝不会一模一样,因此,酒店需要有肯动脑筋、善于应变的服务员去接待、伺候客人。任何培训课都不可能把各种服务经验讲得那么全面,最要紧的是教会员工养成思索的习惯,使他们在实际工作中不断开创潜在的服务内容,提高服务能力,以满足客人的不同需求。

### 思考题

1.为什么饭店服务工作不能仅以提供规范服务为满足?

2.怎样才能做好个性化服务?

案例 48

## 洁癖绅士住店

### 内容提示

一位叫斯密司的美国人其洁癖程度简直达到无以复加的地步,可北京某饭店客房部却让这位洁癖先生无可挑剔。

### 案例正文

能够到北京某饭店住宿的当然都是有钱的或者有地位的客人,而这些人中不乏形形色色的怪癖者。该饭店有一位常客,便是饭店上下众所周知的洁癖绅士。

在全世界享有盛誉的该饭店之所以能赢得中外客人的青睐,是因为饭店能够针对每位客人的特殊需求提供个性服务。而个性服务需要熟悉每位客人的习惯、性格、信仰、爱好、脾气等,因此必须建立详细的客史档案。该店客史档案中有这么一条:斯密司先生,美国加州旧金山人,45 岁,爱好清洁,经常住 408 房……

有一次,前厅部接到斯密司先生预订房间的传真,他将于下周二抵达北京,于是,客房部立即着手准备接待工作。这位美国客人每次来北京都住在该饭店,先后已有 10 次之多。客房部内几乎每个服务员都知道他对清洁卫生的苛求，所以接待他时特别小心，唯恐稍有不慎惹他生气。

在斯密司先生到达前两天，楼层服务员开始忙碌起来。大家都知道，这位客人对白色有着独特的偏爱，房内布件必须清一色洁白。这两天里，408房不再接待别的客人，窗帘、毛巾、浴巾、睡衣……统统换成白的，连沙发的面子也是白的，因为饭店早已专门为他定制了纯白色的沙发套，此时房内变成了一个白色的世界。

深色的地毯与周围一片白色形成了明显的反差。客房部为购买白色地毯曾走遍了北京城，竟没有找到一条。据说，走到天涯海角都难找到白地毯。一位服务员提议买块厚实的白布把地毯包起来，这个意见得到领导的认可，这样一来，408 房从上到下白得无懈可击。

斯密司先生深知该饭店极其尊重他的这一怪癖，他发来预订传真就是希望酒店能早些按"老规矩"准备。即使如此，他一踏进 408 房还是立刻在屋角、床边、桌脚旁细细检查起来。斯密司先生容不得房里有一粒肉眼可辨的尘埃，也不许有一丝毛发。他在四周察看一番后才肯在沙发上坐下。客房部还为他的房间制定了特殊的打扫制度：每天增加数次扫除，而且必须当着他的面。经理把最细心、最负责的服务员分配到 408 房，沙发套、窗帘、桌布每天都得更换，他的私人物品绝不容许他人触摸或挪动位置……

斯密司先生说，他在国外住过许多饭店，服务质量都不能与该饭店相比，没有专用沙发套，只是用一块白布罩一下而已，也没有专门服务员，只有常规的打扫……

**评析**

本例中斯密司先生在某饭店享受到的是一种典型的个性服务，或者叫超标准服务。该饭店一方面严格要求员工执行服务标准，培养他们自觉遵循规范的良好习惯；另一方面又鼓励与指导员工灵活运用规范与标准，使日常操作升华为个性服务。一家饭店如果仅有标准服务，那无论如何是不可能跻身于世界一流饭店前列的。

如果仅从经济效益分析，接待爱挑剔的客人所花费的成本要远远高于一般客人，但该饭店十分注重社会效益，所以他们愿意不惜工本，认真接待斯密司先生那样的客人，这就是该饭店多年来能够始终蜚声国内外饭店业的原因之一。同时，该饭店的同仁们也懂得，良好的社会效益会带来长期的经济效益。

### 思考题

怎样才能做好爱挑剔客人的服务工作?

案例 49

## 服务员的自我保护

### 内容提示

在星级饭店的顾客中,客观地存在着一个低素质的消费群体,其主要特征是缺乏教养与礼貌,自大又死要面子,更有甚者是对女服务员进行骚扰,从言语到行为不一而足,给酒店的服务与管理带来了极大的麻烦。面对低素质的客人,酒店应该采取什么样的服务与管理策略呢?当低素质的客人错误严重时,酒店敢不敢向他们说"不"呢?

### 案例正文

广州某三星级酒店,某日晚 11 点多,1804 客房周先生打电话通知客房服务中心送水。服务员马小姐送开水进入房间,放好暖瓶,向客人告别。这时,周先生突然拿起事先准备好的浴巾蒙在马小姐头上,并猛然将她推倒到床上,欲行非礼。马小姐高声呼救,奋力挣脱,冲出房间,飞速到保安部报案。酒店保安人员立即赶到 1804 房间,对客人进行调查,核实情况后,由饭店报公安局对客人进行了制裁。

### 评析

1.面对低素质的客人,酒店仍然要确立"客人永远是对的"的服务意识,绝不能降低酒店的服务标准与规范。酒店对低素质消费群体的服务策略是:首先,在规范服务的同时,对此类客人增加超常服务或个性服务,让客人感受到酒店尊重客人的文明礼貌服务气氛;其次,服务人员在客人面前要树立端庄、正派、勇敢的形象,注意衣着、举止、语言等,切记不能轻浮,用正气压住邪气;再次,对客人可能的不文明行为进行不露声色的防范与劝阻;最后,严格区分不文明行为与违法犯罪,对后者,酒店应该理直气壮地说"不",并协助公安部门进行依法处理。

2.酒店及服务人员要善于保护自己。第一,酒店规定半夜时分客人如有服务要求,女服务员以不进入客房为原则,特殊情况应以二人同行或通知保安、维修人员配合,防止侵害与骚扰发生;第二,如果服务员单独进入房间,应让房门一直敞开;如果是清洁整理房间,应让房务工作车停在打开的客房门口,让其成为醒目的标志,同时也给那些不良客人以暗示,打消其作案的企图;第三,服务员在房间为客人服务时,要站立服务,与客人保持距离,不要去坐房间的椅子和床,以免引起客人的误解;第四,如果遇到侵犯骚扰事件发生,服务员一定要沉着冷静、机智勇敢,要勇于与坏人作斗争,并利用一切有利条件保护自己。

3.本案例中之所以发生此种情况,服务员属于大意,未按上述规定进行工作,给了坏人以可乘之机。此案例要引起服务人员的高度警惕。

### 思考题

1.对待无理取闹甚至道德败坏的客人,客房员工应遵循哪些原则进行妥善处理?

2.为什么服务员必须具备有自我保护的意识?

案例 50

## 金蝉脱壳计

### 内容提示

客房内配置小酒柜,是饭店方便客人、增加客房收入而设置的服务项目,但是少数客人素质较低,常常会采取诸如八宝粥空罐头灌水、咖啡空袋中塞茶叶包、过期伪劣饮料拿来调包等恶劣手段,以达到消费后跑账的目的。服务员查房时稍有疏忽就得赔款。本案例的客人就是采用金蝉脱壳计,吃了两盒巧克力,又逃了账。

### 案例正文

在北京某四星级酒店的客房内均配有小冰柜,里面备有供应给客人的酒水饮料及盒装巧克力。一天某房间的客人离店,服务员去查房。她打开冰柜,看了看酒的数量,又看看巧克力盒没有动,就向总台报告了客人消费的酒水数。客人离店了,领班来查房,发现冰柜里的巧克力只是个外包装盒,里面是空的。原来客人把巧克力吃掉了,仍然把巧克力空盒好好地摆在冰柜里,用金蝉脱壳计把服务员给骗过了。针对此情况,该服务员不仅赔偿了两盒巧克力,还受到了一次警告处分。

### 评析

1.星级酒店的客房内为客人配置小冰柜,冰柜内存有酒水饮料和小食品;或者配置迷你酒吧,备下各种中国名酒及洋酒。这一服务项目旨在方便客人消费,增加客房销售收入。但由于我国一些客房设备的科技含量偏低,所以对客房迷你酒吧和冰柜的酒水饮料与小食品的管理手段还较落后,主要是用人工进行管理与控制,这就加大了管理与控制的难度。因此,这就要求服务员必须认真负责,反应机敏,多查勤看,加强监控,以防止客人跑账。

2.本案例中客房冰柜中的两盒巧克力跑账事故的原因,一是客人素质低,吃了巧克力又不肯付账,把空盒摆在冰柜里,以假乱真,蒙骗服务员;二是服务员工作马虎,责任心不强,光用眼看看大概就算检查完了,使客人金蝉脱壳伎俩轻而易举地得逞,是服务员给了客人可乘之机,服务员受到处罚是应该的。

3.对迷你酒吧或冰柜中酒水饮料及小食品进行管理的方法是:每日认真清查商品数量,严格登记,及时将账转到总台;在检查时,要用手取出瓶或罐及盒子,认真检查是否开封,有没有以空瓶空罐或空包装盒充数的;客人离店时,酒水食品数已查清后,加强监控,防止客人结账后再顺手牵羊把酒水食品席卷而去。

4.有的酒店为了防止客人消费酒水后出现漏账逃账的现象,只在房间内留一个空冰箱,这是不可取的。迷你酒吧的服务不能因噎废食,只要采取正确的管理方法,辅以科技含量较高的管理手段,加强服务员的责任心,不断总结对待低素质客人的服务策略,就能达到既方便客人消费、又能增加客房收入的目的。

通过此例让我们服务人员提高警惕,顾客不全都是正人君子,其中也有素质低下的人,不可不防。服务员为维护酒店利益,为使自己不出差错,一定要精心工作,认真负责地管理各种商品。

### 思考题

1.怎样做好客房迷你酒吧的服务工作?

2.怎样防止迷你酒吧的“调包事件”?

案例51

## 不能说不——没有婴儿床怎么办

### 内容提示

租借婴儿床是高星级酒店的一个服务项目,但酒店婴儿床已借完了,怎样解决客人对婴儿床的要求呢?

## 案例正文

在酒店服务中要求每位服务员在任何时候都不可以向客人说“不”字，但是，如何才能不向客人说“不”字却不是每位服务员都能理解和做到的，下面的例子会告诉我们答案。

1818房住着一对夫妇和他们的一个年幼的女儿。在交谈中，服务员小袁得知，他们夫妇二人都十分热衷于外出游山玩水，这次难得遇上双方都有假期，夫妇俩就兴冲冲地带着小女儿一同出来游玩。第一天晚上他们计划得好好的，1818房是一间标准双人房，先生独自睡一张床，太太和女儿睡另一张床。但是，一晚过去后，太太发现女儿与她一同睡在一张床上似乎挤了些，夜里醒了好几次。于是，太太询问楼层服务员小袁是否有什么办法来帮她解决这个问题。

小袁听后就建议客人借用客房服务中心的婴儿床，客人觉得这是一个好办法，就请小袁为她联系办理。但是，事不凑巧，当小袁急匆匆地来到服务中心时，服务中心的服务员告诉她备用的两张婴儿床都已借给其他客人了，小袁只好空手而归。

在返回的路上，小袁心里一直在想如何将此信息告诉客人，她不能简单地向客人说没办法，要多做些解释。但是，毕竟客人的问题没有得到解决呀，有没有什么补救措施和其他办法来解决客人的难题呢？突然，她有了一个主意。一会儿，小袁回到了客人的房间，她先向客人解释了酒店客人借用婴儿床的实际情况，并向客人诚恳致歉，然后她又向客人提出了另外一个建议，把房间里的两张床合并成一张特大床铺，这样一来，大人没有影响，小孩也可以睡得比较宽松些。最后，小袁还从身后拿出了一件小礼物——一个精致的洋娃娃，代表酒店送给客人的小女孩，作为对她的小小补偿。这一切令客人十分感动，他们实在没有想到，自己一点小小的想法和要求服务员是如此的重视，他们对小袁、对酒店表示非常感激。

## 评析

在服务工作中常常有两种表现：一种是消极的服务，另一种是积极的服务。所谓“消极的服务”就是服务员在服务工作中遇到困难时，他们往往只会向客人道歉或说“NO”，客人虽能理解却并不满意；而“积极的服务”则并非如此，服务员不会轻易拒绝客人，令客人失望，即使对于非自己力所能及的事情，他们也会站在客人的角度去为客人着想，给出一些积极的建议，正如案例中客房服务员的做法。也就是说，如果要向需要服务的客人回答“NO”，不如给客人一个建议。

服务工作中还要善于"变坏事为好事"。案例中客房服务中心暂时无法提供婴儿床,虽然服务员为客人想出了一个替代的方法勉强解决问题,但是客人可能多少还是会有些怨言。能否将服务工作做到令客人满意呢?案例中服务员送给客人的孩子一个小玩具,就达到了使客人在心理上得到一点补偿的效果,客人甚至会"变忧为乐"、"转怒为喜"。因此,当遇到客人的需求不能满足时,应做到:

1.委婉回答,不能说不。

2.诚心诚意,给出建议。

3.积极补救,力求满意。

**思考题**

为什么服务员不能对客人说"不"?

案例52

## 有求必应——凌晨两点的客衣洗熨

**内容提示**

李先生又脏又臭的衣服凌晨临时送洗,这时洗衣房已经下班了。

**案例正文**

凌晨两点,1716房的客人打电话到服务中心要求送洗客衣,服务员小李立刻上房收取衣物。让小李吃惊的是,客人张先生递过来的衣服淌着泥水散发着臭气,还有一双同样被污水浸透的长筒皮靴。看到小李疑惑的表情,张先生说:"我是从厦门台资工业区来的,今天去澄海朋友家,晚上回酒店时因下雨路太滑半途出事,车子驶入路边的污水沟。"还没等小李说明酒店洗衣服务的时间和要求,张先生接着恳切地说:"我知道这么晚了,你们酒店洗衣房已下班,但我现在只剩下身穿的内衣裤。小伙子,不管你想什么办法,请你帮我在明早7点前把这些衣物洗净、熨平交给我,因为我急着赶回厦门。"虽然小李自己的衣服平时都是母亲帮忙洗的,但看着张先生那疲惫又充满期望的脸,小李微笑地说:"请您放心,我会想办法的。"小李下决心自己动手干,他先花了半个多小时用水冲掉衣物上的污泥,再用洗衣粉水浸泡、搓洗,然后过水、拧干,接着放在工作间热水器旁烘了3个小时,最后用熨斗熨平,挂在衣架上。长筒皮靴不能烘,小李就用吹风筒一点点把里面吹干,并用鞋油把鞋面擦得光亮。这期间,小李还要负责其他的服务和巡楼等工作。从凌晨两点多一直忙到天亮，他将西装、领带、衬衣、袜子、毛衣、长筒皮靴洗净、烘干、整熨，足足折腾了一个通宵。小李腰酸腿痛，胳膊也直不起来了，但他望着干净笔挺、摸起来还暖烘烘的衣服，几分成就感油然而生，也不觉得辛苦了。早上七点整，当小李准时把衣服交到张先生手中时，张先生露出了满意的笑容，连声称谢。

### 评析

本案例中，凌晨两点送洗的衣物必须在早上7点送回，而且衣物不管从种类、数量及污秽程度来看，洗起来都是有相当难度的。身处这样特殊的环境，强烈的服务意识驱使着服务中心员工急客人之所急，毫不犹豫地接下这个难题，并努力去把这件事做好，给客人一个满意的结果。通过殷勤的服务，使得客人感受到五星级酒店的服务水准。对于客人提出的临时需求，只要符合法律和道德规范，就应该做到：

1. 想方设法解决好。

2. 客房服务员尤其是客房服务中心员工应是多面手，如简单的洗熨等应能对付自如。当然，服务人员在承诺分外工作时应实事求是，不能承诺自己技术能力达不到的工作，否则会弄巧成拙。

### 思考题

你怎样理解打破“规范”，为客人提供优质服务？

案例53

## 爱的奉献——我有两只小音箱

### 内容提示

来自新加坡的何先生与服务员小古都有共同的爱好——喜欢摆弄音响，两人有了一次切磋的机会。

### 案例正文

来自新加坡的何先生是酒店的一位常客，他每次入住酒店都是住在621房。客房服务员小古是一名顶班服务员，今天刚好顶替到这个岗位。

当接到服务中心整理621房的通知时，小古立刻拉着工作车来到房间，赶紧清扫起来，因为他知道，这位客人有一个特点——经常在房工作，仅仅是在用餐或购物时才外出一会儿，并很快就会回房来。小古一面快捷迅速地整理房间，一面又有条不紊地检查房间的设备设施情况。当他经过电视机旁时,他见到了客人在办公桌上放着一台小 CD 机和许多的 CD 歌碟,他想,何先生一定是一位爱听音乐之人。他随手将桌上散乱的 CD 碟略微摆正,这时,他发现了一个现象,何先生将 CD 机的音源输出端接在了电视机后。小古明白了,难怪客人每次入住客房时,总会要求更换这种型号的电视机,因为这种新型的电视机里有内置重低音喇叭,这样,客人就可以将 CD 机的声音经由电视机里扩放出来。可是,平时也喜爱摆弄音响的小古知道,这样虽然能播放出音乐,但是音乐的音质会大打折扣,如果能将音乐从一对小音箱里扩放出来,则效果会大不一样。

于是,小古见到何先生经过通道时,就主动迎上去和客人打招呼,并将他的想法和建议告知了客人。何先生被这位仅有一面之缘的服务员的主动和热心所感动,他告诉小古,他本来也有此打算,只是因为工作太忙,无暇顾及。此时,他的脸上流露出一丝无奈的表情。小古看在了眼里,决定将他心爱的一对小音箱拿出来,先借给何先生使用。

第二天,他就把自己那对漂亮的小音箱带到酒店,放进客人房间,并待客人回房时与客人一起将音箱接好。果然,从小音箱传出来的音质非常的纯正,那雄浑圆润的音乐效果令何先生为之精神一振。何先生兴奋地向小古表示,他从未想到从小音箱里出来的音效是如此之好,他一定会尽快去购买一对小音箱,他对小古给予他朋友般的关心表示由衷的感谢。

## 评析

细微服务的产生首先是来自对客人的关注。在案例中的客房服务员能忠于职守,认真工作,通过细心观察,揣摩客人的要求:由桌上放着 CD 机和许多的 CD 歌碟,猜想客人可能爱好音乐;由客人将 CD 机的音源输出端接在了电视机后,推断客人每次住店都要更换电视机的真实意图。这些习惯都是每位客房服务员在日常服务工作中应该时时培养的。而且,案例中的服务员能站在客人角度替客人着想,想客人之所想,主动找到客人提出自己的建议和想法,令客人深深感觉到酒店服务的殷勤和细致。在了解到客人虽有需求,但是因为某些客观原因而无法实现时,客房服务员能毫无顾虑地主动将自己心爱的一对小音箱借给客人使用,这一做法十分可贵。其方法要点是:

1.细心服务,揣摩客需。

2.为客着想,发现问题。

3.主动热情,提出建议。

4.排忧解难,无私奉献。

## 思考题

1.为什么说细节决定成败?

2.客房服务员小古的可贵之处表现在哪些地方?

案例 54

# 以小见大——一只缺口的苹果

## 内容提示

中国台湾商人多年经商,见多识广,住过不少星级饭店,对许多事情习以为常,但一只“缺口”的苹果却让他感慨不已。

## 案例正文

一位来自中国台湾的商人萧先生慕名来店入住,他是从朋友的口中得知某酒店的名字的。但是,当他来到酒店,住进客房后,他并没有什么特别的感觉,和在所有的大酒店见到的一样,都是大同小异的摆设、相差无几的物品。

连日的奔波令精力充沛的萧先生也感到有些疲惫,他一下子就躺在了床上。但是,刚躺下不久,他又觉得肚子有点饿。这时,他见到了茶几上放着的一篮酒店赠送的水果,就随手拿起一个苹果来吃。刚咬了几口,房间的电话就响了,原来是朋友邀他见面去喝茶。于是,他也顾不上再吃苹果了,将苹果放在床头柜上,拿起外衣匆匆离开了房间。

酒足饭饱之后,他又回到了客房。当他再次躺倒在床上,伸手想要去拿电视遥控器时,他却惊奇地发现,那只他吃剩的苹果已用保鲜膜仔仔细细地包好,放在一个小餐碟上。他再环顾房间,只见被他拉开的窗帘已被对称地拉到两边,办公桌上被他翻乱的报纸被重新折叠放好,被他拉开的办公椅也被摆回了原位……一切都是那么不经意,而一切又是那么和谐、自然,令他深感温馨。

## 评析

各个酒店的硬件虽大同小异,但服务却要有与众不同的特色,特色来自对规范服务的提炼。本例中客房服务员在提供规范服务的同时,能从细处着眼着手,注重提供一些细腻、自然的服务,从而在见惯酒店服务的商旅客人面前展现了酒店自己独特的服务特色——细微服务。要做好细微的服务,必须做到:

1.追求特色服务的同时不可忽视日常的规范服务。

2.提供细微服务时需要从细处着眼着手,力求自然,恰到好处。

### 思考题

1.你怎样理解“润物细无声”的服务?

2.怎样才能做好细微的服务?

案例 55

## 找出玄机——冰柜里有两条毛巾

### 内容提示

冰箱速冻格里冻小毛巾,服务员小孙找出了玄机——客人脚扭伤了。

### 案例正文

一转眼,又到了盛夏 7 月,这是一个酷热的季节。暑期的旅游团队大增,酒店开房爆满。客房服务员小孙从早上开始工作,连杯水都顾不上喝,刚刚才将一间客房清扫完毕,又手不停歇地赶去整理另外一间客房——1612 房。

她进入房间后,像往常一样先将房间的窗帘拉开,然后将房间里的灯具全部关闭,接着她又打开房间的小冰箱用目光扫了一遍,检查客人是否饮用过酒水,只见冰箱里的酒水都原封未动,她随手便关上冰箱门。但是,在冰箱门将要合上的瞬间,她似乎又瞥见了一丝不寻常之处,于是她又将冰箱门再打开来一看,果然,在冰箱的速冻格里塞着些好似毛巾之类的东西。小孙觉得很奇怪,她取出来一看,原来是两条酒店的小面巾,由于长时间的冷冻,小面巾已经被冻得硬邦邦的。

“为什么客人要这么做呢?”小孙一面思索着,一面将小面巾翻来覆去地看了一遍。她发现,小面巾表面覆盖着一层冰花,似乎是客人将小面巾沾湿水后才放入冰箱里的,并且两条面巾都是整整齐齐叠好后才放在冰箱的速冻格内。“会不会是客人需要一些冰块呢?”一想到这个问题,小孙立即回到工作间里取出一个冰壶,然后从制冰机里打来了满满的一壶冰块,放入了该房间里,并写好留言告知客人。

傍晚,1612 房的客人陈先生和陈太太回到房间,他们见到了房间里的冰块和小孙的留言后,心情异常激动,陈太太更是禁不住滔滔不绝地将他们所发生的意外告诉了正在为他们进行夜间整理的服务员。原来,就在昨天的游玩中,陈太太不慎将脚扭伤了,她想找些冰块来敷脚,所以就想用冰冻毛巾来代替,而这一细小的举动竟被细心的客房服务员小孙留意到了,真是令她感慨不已。

### 评析

本案例是客房细微服务中的又一典范。从例行检查冰箱酒水而留意到冰箱里的一丝异常——"速冻格里放着几条毛巾",从毛巾被速冻时沾满了冰花联想到宾客的需求——"客人可能需要冰块",这些都充分反映了客房服务员的观察细致和判断准确。

"一叶障目,不见泰山",许多客房服务员在日常工作中常常是清扫到房间的某处时就只会将视线停留在某处,无法观察到宾客暗藏的服务需求。案例中的客房服务员能细心观察,捕捉细微服务的机会,从而满足了客人的需求,获得客人的好评。服务员小孙值得称道的地方有:

1. 目光敏锐,细心观察。
2. 经验丰富,判断准确。
3. 及时处理,提供服务。

### 思考题

饭店员工应掌握哪些基本的急救方法?

**案例 56**

## 煞费苦心——干枯的鲜花变干花

### 内容提示

435 长住房的鲜花已经干枯了,客人却迟迟不撤走,什么原因呢?

### 案例正文

这一天,服务员小袁正像往常一样在为 435 房长住客人清洁整理房间。一进房,只见房间如平常一样,保持得比较整洁,除了床铺和卫生间外,其他的地方基本未翻动过。餐桌上依然摆着许多水果,茶几上依然放着一个精致的花瓶,花瓶上那束"鲜花"依然还在……

虽然小袁是一名顶班服务员,岗位经常会变动,但是她一直对班组负责范围内每间长住房的情况都了如指掌。可是今天房间一切如故,她却有了点疑惑:为什么茶几上花瓶里那束客人自己买的鲜花已经干枯了,客人却迟迟不撤走呢? 会不会是客人不想让花瓶空置着? 又或者是客人喜欢观赏枯花呢?

左思右想，她决定为客人换上一束精美的干花，这样，既不会让花瓶空置，又将枯花换成了漂亮的干花，可谓一举两得。

果然，435 房的客人见到干花后欣喜异常，专门找到服务员小袁表达了谢意，煞费苦心的小袁因此十分开心。

### 评析

细微服务有时需要从看似平常的现象中发现问题，这就需要服务员对工作的投入。只要是有心，你就会发现事情原来可以做得更好。用一束精美的干花来代替一束凋谢的枯花，如此简单的事情、如此简单的做法每个服务员都能做到，但是并非每个服务员都能想到。也许案例中的客人根本没有想过要用干花来代替枯花，也许让花瓶空置着客人也没意见，但是，面对着服务员这样的一片真心，客人真的被感动了。要在细微之处见真情，必须做到：

1. 发现问题，开动脑筋，多想几个为什么。
2. 长住房客人的个性化需求，不能简单对待。
3. 力求一举多得的做法。

### 思考题

怎样理解"服务是展示自己才能的机会"？

案例 57

## 小事大作——情人节的祝福

### 内容提示

长住客人赵小姐得到了服务员的祝福。

### 案例正文

来自上海某公司的赵小姐住在酒店的 502 房，她只身一人旅居汕头，经常一住就是数月。

这天，适逢西方情人节。她刚刚送走一些来探望的朋友，看着大家送给她的一朵朵鲜艳的玫瑰花，像是在向她微笑似的，她心里美滋滋的。突然，她想起什么来了，立刻在房间里忙乎起来。她要找一个花瓶把花养起来，好好地欣赏它们。然而，房间除了原来的一个单枝花瓶外，她一无所获。最后，她想了个办法，用玻璃杯也未尝不可。就这样，她把玫瑰花插在了两个玻璃杯里。

在赵小姐外出后，服务员小吴进房整理房间，看到杯中插花，细心的她觉察到这有一点不平常。于是，她找来了一个精致的中号花瓶，把玫瑰花从杯中取出，依花瓶的高度修剪了每枝玫瑰花的长度，认真地插入花瓶中，并将花瓶摆在床头柜上。

晚上，赵小姐回房，她看到在柔和的床头灯光的映射下那束玫瑰花显得格外的美丽、温馨，上面还夹着服务员写的一个小卡片："祝您节日快乐。"

**评析**

酒店无小事，客房更无小事，房间里一点小小的变化往往就是客人服务的需求和先兆。虽然客房里的一些物品用具在常人看来是平淡无奇的，但是对客人来说，尤其是在特别的时间里，对一些特殊的客人来说却可能意义非凡。本例中服务员能在服务中发现客人的插花需求，主动提供花瓶，并插好花献上贺卡，实在是把小事做大了，同时，也深深打动了客人的心。要把小事做大，就要做到：

1. 认真关注那些可理会、可不理会的细小变化，从中挖掘出服务需求。
2. 把细小的服务需求作为细微服务的内容。
3. 对客人待以真情，力求小事大发挥，让客人惊喜。

**思考题**

为什么说酒店无小事，客房更无小事？

**案例 58**

# 悉心关照——染色的 T 恤弃而复得

**内容提示**

535 房的陶先生将一件 T 恤扔进垃圾桶，服务员小杨洗好 T 恤又还给陶先生。

**案例正文**

上午，服务员小杨刚整理完一间客房，她抬起手看了看表，哟！快到 9 点了，她急忙将工作车推向 535 房，她知道必须赶在 10 点前将那位长住外国客人的房间整理好，因为届时会有一位中文老师来为该客人上课。

她来到房间，立即动手开始工作，撤去脏布草，收走垃圾，拿清洁工具进房……一切都在有条不紊地进行着。但是，当她正要收去其中一个垃圾桶的垃圾时，却发现垃圾桶里扔着一件花格 T 恤。她觉得非常熟悉，提起一看，对，它正是535房陶先生常穿的一件衣服。她记得陶先生曾经说过，这是他最喜欢的一件衣服，可是，为什么陶太太要将它扔掉呢？

她再仔细察看，发现在T恤的正前方口袋处有一片污渍，像被钢笔水弄脏的，而且该处污渍似曾被清洗过，但是污渍没被洗去反而更加扩散了，可能正因为这样，陶太太才不得不将它扔掉。小杨思索了一会儿，决定将此事汇报给上级，也许洗衣房的洗涤技工能将这处污渍清除，那样，客人可能还会喜欢这件衣服。总之，无论如何都应该试一试。

果然，经过洗衣房的特别处理，衣服上的污渍消除了，花格T恤又恢复了昔日风采，535房的陶先生和太太对此惊喜异常。当陶先生重新穿上这件衣服时，他和太太都深深地感激洗衣房技工精湛的洗涤技术，更感激服务员小杨的悉心关照。

### 评析

保留一份不平常的心，这是每位客房服务员在提供细微服务时必须做到的。由于客人来自五湖四海，他们的性格特点千奇百怪，因而客人经常会做出一些不寻常的事情，例如将项链放在烟灰缸内，将钱物藏在床底，把文件当成废纸丢在垃圾桶内……服务员要在这些不寻常的事情中看出客人的需求，悉心关照客人，为客人提供周到的服务。为此，要做到：

1. 服务中要做到真心待客，尽心尽责。
2. 细心观察服务过程中不寻常的事。
3. 大胆尝试，不轻易放弃服务的机会。

### 思考题

1. 怎样去除纺织品上的墨水污渍？
2. 试述去除污渍的要点。

案例59

## 细腻入微——客人的洗衣粉快用完

### 内容提示

洗衣粉不属于饭店的一次性消耗用品，服务员小张主动为长住客人提供了洗衣粉。

### 案例正文

615房又入住了一位长住熟客——禹小姐。禹小姐是一位商务客人，业务繁忙，而且每次入住行李总是很多，大包小包的，既有日常用品、食品和衣物，又有货物和样品等。下午，服务员小张在整理房间时发现，卫生间里除了晾衣绳上挂满了湿漉漉的衣物外，在浴缸里也浸泡着许多衣物，看样子还没有清洗。在卫生间的云石台上还放着一袋已拆封的洗衣粉，但是已经所剩无几了。

小张知道，禹小姐平时很忙，就连中午饭也常常是买盒饭到房间来吃，这一回，她不一定会有时间或记得上街去购买洗衣粉。这样一来，今晚禹小姐回来时，她浸泡在浴缸里的衣服就可能没办法及时清洗了。想到这里，小张决定到洗衣房取一些洗衣粉放进房间，给客人今晚使用。

于是，小张找来了一个小塑料杯，从洗衣房取来洗衣粉放在了卫生间云石台上。不仅如此，她还设法借来了一个小塑料盆和一张小塑料板凳放进卫生间里，并将浴缸里的衣服取出放入盆中。

当禹小姐晚上回到房间见到了小张的精心安排时，不禁对小张的细微服务赞叹不已。

### 评析

为住客房间加入洗衣粉并不是酒店的常规服务内容，但是，如果客人有这样的需要，服务员就应该设法去让客人满意。

细微服务，就是一种细腻周到的服务。案例中的服务员为客人提供实实在在的服务，这种真情流露的细微服务是最能打动客人的。因此必须：

1. 处处用心，想客未想。
2. 认真准备，周到细腻。

### 思考题

1. 何谓规范服务、个性服务和实时服务？
2. 小张的“润物细无声”式的服务是怎样体现的？

案例 60

## 有备而作——她可能忘带暖水袋

### 内容提示

一只暖水袋体现了饭店对艾子小姐亲人般的关怀。

## 案例正文

5月初的一天，客房服务员小孙正在忙着整理房间。突然，她隐约听见房门外有叫唤声，小孙停下手头的工作抬头一看，原来是刚入住612房的艾子小姐。小孙记得，在客史档案资料上显示艾子小姐是一位女作家，她现在有什么事情呢？

原来，艾子小姐是想要借用一个暖水袋。她告诉小孙，她自己本来是有一个暖水袋的，只是因为行程匆忙而落在家中了。如果没有这个暖水袋，经常会胃疼的她晚上就无法入睡了。小孙听后，立即答应客人马上就给她送去房间，同时，她也将此信息反馈给服务中心，记录在案。三天后，艾子小姐退房了。

一转眼几个星期又过去了，这天晚上，上夜班的小孙在报表中发现了一个熟悉的名字——艾子小姐，她又入住了。小孙将工作车推到艾子小姐的房间，准备先为她整理这间房。在开夜床时，她仔细地整理床铺，可是她并没有发现暖水袋的踪迹，因为她知道艾子小姐习惯将暖水袋放置在床上的，难道客人又忘记带暖水袋了吗？不管怎样，她决定先从服务中心取一个暖水袋放进房间，以免客人要用的时候没有，于是小孙立即从服务中心取来暖水袋放进了房间。

没过多久，当小孙仍然在专心致志地整理其他房间时，艾子小姐手中拿着的正是那只她刚放进房间的暖水袋。不过，还未等她开口，艾子小姐就微笑地向小孙表示感谢。原来，艾子小姐这次并没有忘记带上她的暖水袋，只是因为今天刚刚入住，还没来得及从包里取出。但不管怎样，她对小孙的细微和主动的服务赞叹不已。

## 评析

每位客房服务员都应该尽量收集住店客人的服务信息，总结住店客人的生活特点、规律等，这是为客人提供细微服务的前提条件之一。案例中的服务员就是做到了注意细心收集和记住客人的服务信息，及时地提供细微服务。另一方面，有的服务员总以为提供细微服务的时间先和后、速度快与慢没有太大的差别，反正最后完成了就行。殊不知，服务的机会常常是一逝而过，细微服务和普通服务的差别往往就在瞬间形成。案例中的服务员就是因为先于客人一步到服务中心取来暖水袋放进房间，她的细心、她的用心、她的真心才会被客人察觉，令客人感动。服务员小孙值得我们学习的地方是：

1. 收集信息，完善记录，建立客史档案。

2.细心观察,用心工作。

3.发现服务需求,及时提供服务。

## 思考题

1.什么叫客史档案?

2.建立客史档案的意义是什么?

案例 61

# 交流沟通——微不足道的小礼物

## 内容提示

汉斯先生是一位黑人客人,身材高大,服务员对他都有些胆怯,而服务员小古和汉斯先生成了朋友。

## 案例正文

住在 1918 房的马来西亚客人汉斯先生是一位曾经对酒店抱有偏见的客人,在他刚住店的期间,他对客房卫生和服务有诸多挑剔和投诉,好像对谁都看不顺眼,直到客房服务员小古调来为他服务后他对于酒店的印象才大有改观。

原来汉斯先生是一位黑人,且体形较为高大魁梧,所以服务员见到他总是会感到有些畏惧或奇怪,在服务中不是畏畏缩缩的,不敢与他交流,就是指指点点的,不尊重他。但是,服务员越是不敢接近他,他就越是要投诉,他认为只有这样才能引起别人的注意,别人才会重视他,而且他平时还很介意别人用一种异样的眼光来看他。对客人的心理颇有思考的小古知道对待这种类型的客人"怕"是解决不了问题的,只有在认真做好本职工作的前提下主动去与客人交流,从中找到客人的需求,然后投其所好才是上策。

于是,小古一方面先尽力将日常的卫生工作做好,减少客人投诉的机会;另一方面他又利用每次为客人整理房间的短暂机会,主动与客人谈话交流,拉近相互间的距离。经过一段时间的观察,他发现汉斯先生对于音乐方面很感兴趣,也很喜欢在别人面前显露他的音乐爱好。针对于此,小古专程利用休息时间到市区的音像店去选购了几个英文 VCD 歌碟赠与客人。果然,汉斯先生对小古的主动和关心表示了极大的友善,他欣喜地收下了小古的 VCD 歌碟,并回赠了小古一些他自己的歌碟。

从那次起,他们两人就经常彼此交换音乐歌碟,交流在音乐方面的看法和爱好，汉斯先生对于酒店的态度也随着他与小古之间不断发展的友情而得到改善。

## 评析

酒店服务中难免会遇到一些非常难应付的客人，但是，没有永远不融化的“冰”，没有永远锻不弯的“钢”，只要以诚待客，即使是再难缠的客人也能打开他们的心扉。

服务员与客人的交流、沟通既是服务工作的需要，也是酒店每一位客人的需要。在本例中的性格古怪、脾气暴躁的客人，多数服务员对他产生畏惧的心理，对他采取一种避之唯恐不及的态度，所以服务员与客人之间的交流甚少。这样一来，服务员因得不到客人反映的正确服务信息而无所适从，服务的差错自然难免；而客人也因为得不到服务员在生活上的关照和情感上的关心而精神空虚，挑剔和投诉就频繁而来。在案例中，服务员小古在认真做好本职工作的前提下主动去与客人交流，从中找到客人的需求，然后投其所好，针对客人的兴趣和爱好，主动购买小礼品赠与客人，结果大出客人所料。虽然这份礼物对于客人来说微不足道，但是服务员的一番心意客人却认真领会了，而交流也就从此开始了。

服务员小古做得正确的地方有：

1.尊重客人，真诚真心。

2.善于沟通，主动交流。

3.投其所好，联络感情。

## 思考题

1.住店客人有哪些心理方面的需求？

2.怎样满足客人心理方面的需求？小古是怎样做的？

3.与客人沟通应具备哪些技巧？

# 客房管理篇

客房管理的最高目标是确保客房处于合格及舒适状态，满足客人住宿方面的需求，保证客房收入及利润的最大化。要实现客房部的管理目标，必须从三个方面着手：一是关爱顾客，因为他们是饭店的衣食父母，客房部服务项目及标准的制定必须满足顾客的物质、精神及发展的需要，并且在全体员工中形成共识；二是关爱员工，因为他们创造着客房的价值和使用价值，饭店对顾客的承诺是通过员工的个体表现得以实现的，顾客是通过员工的优质服务而得到享受的；三是注重饭店的经济和社会效益，因为盈利是饭店管理的首要目标。创建绿色客房，节约资源，减少污染，促进人体健康，保证客人的安全，关注顾客需求的变化和客房产品的新发展，把服务质量的提高作为一种持续改进的过程来进行，才能提高客房部的管理水平和顾客的满意程度。

案例 1

# 烫金的名字

## 内容提示

北京某饭店是我国著名的五星级饭店之一，为客人提供独到的个性化服务是其优质服务的诀窍。比利时某电脑公司董事长就享受了这样的服务。

## 案例正文

比利时某电脑公司董事长穿梭于北京与布鲁塞尔之间已有多年，每次来京，他都下榻在北京某饭店 6 楼的一个豪华套间内。今天他风尘仆仆从机场赶来，饭店派往机场的代表早就举着牌子在出口处接迎。一阵短暂寒暄之后，汽车即载着董事长风驰电掣般地朝着首都市中心驶去。

比利时客人自己都说不清已经来过该饭店几次了，他熟门熟路地来到早就为他准备好的套间里。一切与往常一样，他照例先沐浴，再稍事休息。当他打开衣柜取出睡衣时，令他眼前一亮的是睡衣左胸绣着他的名字，因为是金线绣的，所以特别耀眼。他记得上次来北京还是两个月之前的事，那时也是这样的一件睡衣，但胸前没有任何字样。顷刻间，一种自豪感油然而生，沐浴时益发觉得舒坦透心。

比利时客人从洗手间走出，到沙发上坐下，抽出一支烟，随手从茶几上拿起火柴，发现他的名字又被印在了火柴盒上，且是烫金的，更使他感到一份少有的惊喜。他走南闯北，到过世界各地许多五星级酒店，这样高档次的礼遇还是平生首次享受到。他前后左右仔细端详起火柴盒来，烫金工艺还真精巧。他不由得赞叹道："真难为了他们饭店的真心实意。"

董事长一手夹着香烟，站起身慢慢踱到桌前，那本《服务指南》他是再熟悉不过了，但今天出于好奇，他还是下意识地打开了。又是一个奇迹！信纸信封上他的名字赫然在目，也是烫金的！

"我回到布鲁塞尔一定要把在中国这个饭店受到的待遇告诉给比利时人。"他不无骄傲地自言自语。

## 评析

个性化服务与规范化服务是有区别的，个性化服务是满足宾客个别的特殊需求，而规范化服务则是满足所有宾客重复的有规律性的基本需要。

饭店业服务的对象是有七情六欲、千差万别的人,仅仅靠规范化服务是不够的。要做好优质服务,必须是规范化服务与个性化服务的结合,个性化服务是规范化服务更深层次的发展,是在更高层次上满足顾客的需要。任何一家酒店都必须在规范化服务的基础上,向个性化的服务发展。我国涉外酒店在同国际优质服务接轨过程中,吸收了世界上一些一流酒店的服务内容,例如"姓名辨认"即是目前我国酒店业已开始重视的一个有代表性的个性化服务内容。北京的某饭店在这个基础上进一步推出新的服务项目,不惜代价为常住客人准备专用的睡衣、火柴、信纸、信封,良苦用心可见一斑。

某饭店有一份常客名单,凡在饭店住满 20 次的客人均有幸列入。一旦上榜,他便能享受到本实例中比利时董事长所遇到的种种个性化服务。

某饭店向常客提供的服务有相当大的难度和相当大的投入。一是经济耗费较大;二是需要大面积的储存仓库;三是需要有专人负责保管。该饭店的可贵之处在于决策人员对服务质量的重视,对服务心理的谙熟和对服务技巧的精通。重要的不是具体做法,而是为宾客服务的精神。酒店业的竞争已经相当激烈,欲赢得客源,首先应在酒店经营者、管理者和服务人员中灌输一种精神——全身心为宾客服务的精神,只有这样才有可能推出与众不同的服务项目。

当然,这种个性化服务的程度与顾客所付出的代价是成正比的。服务也是商品,必须实现等价交换。低星级的饭店不可能也没有必要仿效该饭店"烫金的名字"的具体形式,个性化服务的精髓在于在规范化服务的基础上把每一位客人都当成有血有肉的人,从心里关心他们。只有善于揣测客人个别的特殊的潜在的需求,才能做好针对性服务,使服务不流于表面化。

### 思考题

1.建立 VIP 客史档案的意义是什么?

2.怎样理解"客人是具有七情六欲的人"?

案例 2

## 本日无投诉

### 内容提示

中秋佳节,接待员不慎将新加坡工商考察团预订的 924 房间重复售给了一位日本客人。工商考察团10点半钟就要抵店,日本客人却不知去向,眼看一场投诉就要发生。

### 案例正文

#### (场景一)

6盏大红灯笼高挂,灯笼上大字醒目:欢度中秋佳节。

夜晚的大堂,金碧辉煌。

2楼突出部位一行字:热烈欢迎新加坡工商考察团。

我国港澳台地区、外国客人来来往往。

着斑马裤、黑制服的大堂副理向站在大堂的前厅部经理快步走去。

大堂副理:(轻声地)经理,出事了,接待员把工商考察团的924房间卖给一位日本客人了,工商考察团10点半回店。

经理:接待员怎么处理?

大堂副理:接待员发现后打电话进924房,客人已经离房,接待员又打电话给楼层值台,值台人员说客人把一只箱子放入房间后就下楼了,不知去向,钥匙被带走。

经理:第一,确认售房是否属实。

　　第二,准备一间同房类不同楼层的房间。

　　第三,迅速找到日本客人,想办法把他房间钥匙换过来,必须在考察团回店前完成。

大堂副理向总台走去,翻阅入住登记表。

一中年男子出现,大堂副理抬头:"助总(总经理助理)"。

#### (场景二)

挂历倒翻,停在1989年7月某日。

同一酒店某客房,门外。

一只皮箱,上面搁着几件衣服。浴室哗哗流水,依稀可闻。

门上挂着"请勿打扰"牌。

一位中国台湾客人在门口听了一会,气愤地砰砰敲门,用闽南话骂人。一位客人用浴巾裹着身子探出身来看个究竟,被台湾人一把抓住浴巾,日本客人用手护着浴巾,一副狼狈相。

台湾客人:(一口闽南腔)你把老子东西从房里丢出来,凭什么住进去?

日本客人叽里呱啦。

台湾客人:(听不懂)这间房我先住的,住定了。(提起箱子要往里冲,日本客人死死挡住)

大堂副理和房务员、保安出现。

台湾客人:(迁怒于大堂副理)叫你们总经理来跟我说话。

总经理从电梯口出现。

总经理认真聆听客人的投诉。

总经理在说话。

台湾客人点头,收拾东西,离去。

接待员在电脑中把该客房房价敲了零。

冲突双方客人的投诉信的叠印,一封中文,一封日文。

## (场景三)

灯笼,大堂。

总台世界钟,北京时间 22 点 20 分。

9 楼楼层值台、大堂副理、值台服务员。

大堂副理果断地拨起了电话:"我是大堂副理,请准备一把 630 房的钥匙,由行李员来取。"又拨电话:"请到总台取钥匙,带一部行李车到 9 楼。"

行李员拖着行李车在员工梯口出现,房务员打开 924 房门,两只皮箱,大堂副理拿出本子核对行李牌、姓名,将一只皮箱放上行李车,行李员拉走。

大堂副理对 9 楼值台服务员:"日本客人回来千万要把他堵住,把他的钥匙换过来,理由是……(思考片刻)浴室严重漏水,已不能住,请他换房到 630 号。"

## (场景四)

大堂。

一位便衣用对讲机在呼叫,对讲机传来声音:"工商考察团车队已驶入市区,5 分钟后抵达,请做好接待。"

经理在旁边听见,看了看表,22 点 25 分。

经理抓起听筒:"我是经理,重要客人团 5 分钟后抵店。如仍未找到日本客人,拿不到 924 房钥匙,请用楼层万能钥匙为团队客人开门。注意把日本客人堵在门外,由大堂副理处理。"听筒里女房务员声音:"日本客人正在楼层,出现麻烦。"

## (场景五)

9 楼值台。

一位日本人生气地在对服务员说着什么。

经理与大堂副理出现。

大堂经理:Sorry, sir. Your bathroom is leaking heavily. Your room has already been moved to Rm 630. May I take you to your room, sir?

日本客人摇头,用生硬的英语:Tell my escort. Rm 1123. Escort. 1123.

经理对大堂副理耳语,大堂副理点头,电话拨1123房,将日本客人换房的情况告知其陪同人员。

大堂副理对经理:陪同说马上就到。

大巴客车滚动的车轮与时间的叠印,22点29分,22点30分。

难熬的沉默。

日本客人手中钥匙的特写。

"丁东"——电梯门打开,几位客人出来,服务员向客人问候,经理、大堂副理有些紧张,幸好不是924房团队客人。

陪同(中国人)出现了,大堂副理向他解释924房严重漏水情况。

陪同以疑惑与不满的神态向日本人说着,从日本人手中取过钥匙。

大堂副理迫不及待地从陪同手中取过钥匙,递给经理,然后引领日本客人下楼去630房。

经理拿着924房钥匙从另一部电梯下楼,直奔前厅总服务台。

## (场景六)

店内,经理急步;店外,车队煞车。

经理抢先把钥匙放入总台,大批客人进入酒店,到总台取钥匙。

一女性的手拿起924房钥匙牌递给一男性的手。

经理与大堂副理在一边注视。

经理:"好险!"

大堂副理:"刺激!"

经理:"备一份果篮,赠送630房日本客人。"

大堂副理(突然明白):"是,马上就办"。

助总走来对经理:"924摆平了没有?"

经理:"只是陪同还有些不满,陪同说认识你。"

助总:"我送盒月饼给他,日本客人这边就由他摆平。"

夜景,静静的。

透出灯光的酒店,灯一盏一盏地灭了。

一本工作日记打开,经理握笔的手,一行字迹:本日无投诉。

## 评析

1.整体服务意识和团队协作是酒店服务的先决条件。从直观上看,服务似乎只是个人与个人或个人与团体之间的简单接触,但其实质却正如士兵在战场上作战一样,需要一种和谐默契的团队协作和整体服务意识。本案例中的饭店曾在1989年7月发生过一起客人投诉事件,致使饭店形象受损,其责任当然可以确认为某位前厅部的接待员承担,但中国台湾客人和日本客人绝不会去记住那位员工的姓名,而是认为这家饭店服务水平低下。树立整体服务意识,就是要使每个部门的每位员工明确自己的地位——都是酒店形象的代表,在某位员工出现失误时,需要员工与员工之间、部门与部门之间亲密合作、相互谅解,才能弥补过失,避免客人投诉。也只有通过协作,才能沟通信息,为客人提供优质的服务。本案例中顺利解决中秋分房的失误的故事,就是一个团队协作的成功典范。

中秋节重复售房虽然是前厅部接待员的错误,但是大堂副理、前厅经理、客房部楼层值台服务员、行李员、着便衣的保安员、女房务员、总经理助理表现了强烈的整体服务意识,齐心协力,避免了一场投诉的发生。

在市场竞争中,每一家酒店就是靠每一位管理者和员工维护饭店整体形象来提高酒店的声誉,从而去开拓市场、占领市场的。

2.一场投诉的避免,既要靠全店员工的协同努力,同时又要取决于管理者处理突发事件的应变能力。所谓应变能力是指能胜任某项任务的主观条件,或者处理超过饭店明文规定范围的突发事件的能力。一个没有为客人提供优质服务欲望的员工是不可能具有应变能力的。但是,只有热情,而缺乏丰富的经验积累、广泛的知识面、善解人意的思想修养,以及对客人潜在需求的洞察力和艺术性的服务本领,也不可能有恰到好处的应变能力。本案例中的大堂副理果断地决定为日本客人换房,按程序拉走日本客人行李,用"浴室严重漏水,已不能住"的理由来向客人说明换房的原因,并通过客人信赖的陪同来做解释工作,这就是在经验积累上的艺术化本领。助总根据前厅部经理的话语"只是陪同还有些不满,陪同说认识你",马上决定:"我送盒月饼给他,日本客人这边就由他摆平",充分体现了善解客人心意的能力。

## 思考题

1.为什么饭店全体员工必须具有整体服务意识和团队精神?

2.什么叫应变能力?为什么饭店员工必须具备应变能力?

3.本案例中,该饭店全体员工是怎样避免了中秋节重复售房的投诉的?

案例 3

# 天壤之别——客人的头碰伤了

## 内容提示

客人李小姐不胜酒力,洗澡时不慎摔倒,头破血流,其丈夫成了“出气筒”,李小姐又不肯去医院治疗,朋友们也手足无措。

## 案例正文

这是一个繁忙的周末,晚上 8 时左右,团队客人陆续抵店,酒店大堂人来人往,一派热闹的景象。忽然,从前台传来一阵咆哮声打破了祥和的气氛:“开门! 开门! 快给 607 房开门! 有人在里面出事了! 什么酒店,楼层连个值班的也没有。再不开门,出了人命你们负责!”当值大堂副理小赵忙跑上前去,看着那几个客人气急败坏的样子,她来不及说什么,马上让接待员配好钥匙,并带上 607 房客人登记表,随着客人走向电梯。途中,小赵巧妙地向客人核实了住客资料,并确认了其中一位张先生正是该房的住客,另外几位是张先生在汕头的朋友。经过再深一步的了解,小赵得知,现在房间里的是张先生的妻子李小姐。他们夫妻是应朋友之邀来汕头度假的,今晚朋友们在一起喝酒,李小姐不胜酒力,先回房休息,结果在洗澡时不慎摔倒,头碰在浴缸上,鲜血直流。李小姐花容失色,把怒气都发在丈夫身上,认为是丈夫光顾喝酒没照顾好她,赌气说不去医院治疗了,同时将丈夫推出门外,任朋友再三劝说,坚持不开门,这才引起开头那一幕。

“你们酒店怎么搞的,浴缸那么滑? 这两位是我们专程请来的重要客人,你们酒店要承担全部责任!”已经到了 607 房门口,汕头的几位朋友仍在骂骂咧咧地指责小赵,小赵忍着委屈,对几位客人说:“现在最重要的是说服李小姐去医院治疗,几位请先安静一下好吗?”几位客人这才安静下来,小赵语气温和地请李小姐开门,李小姐在里面哭了起来:“我不要你们进来,不要你们进来,不要!”张先生则一个劲地催促:“快开门! 快开门!”小赵示意其他人不要进房间,一边用钥匙打开门和张先生进了房间。

李小姐正蜷缩在床上哭个不停,床单上有一块块血迹,一见到张先生,李小姐抓起枕头就扔了过来,一个劲地让他出去,对张先生的关切询问及到医院的建议置若罔闻,爱妻心切的张先生痛苦地低下头。见此情景,小赵立即通知酒店医务室派医生上房间进行包扎处理,然后坐在李小姐的旁边,柔声地安慰着，并耐心地劝说李小姐一定要去医院，“不然，伤口发炎了，在这么美丽的脸上留下个疤，那多么难看呀！”听着听着，李小姐渐渐止住了哭声，表示出顺从的意思，“你可要陪我去，我不要老公去！”“好，我陪你去。”小赵不假思索地答应了，一旁的张先生眼中流露出感激之情。

小赵陪着李小姐来到了医院，一路上小赵讲着笑话，让李小姐的精神松弛了不少。到了医院后，小赵忙着挂号、拿药，在打针和手术时也一直在李小姐身旁陪同着，那几位汕头朋友看着小赵忙碌的身影，没再说什么。李小姐额头被缝了几针后，小赵又陪着她回到了房间，在小赵的劝说下，李小姐恢复了平静，也不像刚才那样对待丈夫了。这时，小赵又让送餐部送来了白粥和小菜，叮嘱客人要好好地休息。告辞时，张先生一个劲地感谢：“太谢谢你了，要不是你，我真不知道如何是好……”

回到大堂，那几位汕头朋友还在那里等候，他们对小赵说：“对不起，我们刚才太粗鲁了，请你原谅。我们也是急的，请你理解。你忙了这一晚上，别说客人自己也有责任，就算是酒店的过错，我们也不追究了。交个朋友吧……”

## 评析

本案例中，当值大堂副理用自己的举动化解了一桩原本可能很严重的投诉。从头到尾，大堂副理没有为酒店或为自己辩解什么，只是用一颗真诚的心去劝慰、帮助、陪伴客人，把客人当作家人似的对待，这一系列真诚的举动最终换来了客人的理解和尊重。客人前后态度的天壤之别告诉我们：真诚和一切为客人着想的实际行动是化解投诉的最佳方法。处理有可能招致投诉的事件时要注意：

1. 应急处理要稳妥得当，快速反应，及时采取措施。
2. 亲力亲为，以真诚的实际举动去化解投诉。
3. 细心考虑，周到安排，像家人一样地对待客人。

## 思考题

1. 为什么说真诚和一切为客人着想的实际行动是化解客人投诉的最佳方法？
2. 试举例说明处理客人投诉中的“降温”、“替代”的方法。

案例 4

# 情理战术——房间少了6瓶酒水

## 内容提示

客人陈先生在不知情的情况下拒付6瓶酒水的消费单。

## 案例正文

上午9时,1801房的陈先生退房,客房部报房间使用6瓶酒水,总额350元人民币,可客人拒不承认用过酒水。值班经理小王听后,拨通了客房服务中心的电话,让他们细查酒水使用情况,是否有酒水消费单,如有请立即送来结账处。此时,站在一边的客人陈先生仍在很气愤地说:"有没有搞错?我根本就没有用过酒水嘛!怎么可能产生费用?一定是你们的服务员搞错了,把上位客人用过的酒水记在我的账上,我坚决不付这笔冤枉钱!"小王此时已站在了客人的身边,用眼神示意总台结账员暂避后,他一脸真诚地对客人说:"陈先生,我是酒店值班经理。"陈先生不信任地看了看面前的这个小伙子,"是这样的,陈先生,我很理解您的心情,也绝对相信您一定没有拿过。但是,您也知道星级酒店有严格的查房程序,服务员、领班、主管层层检查,漏查6瓶酒水的可能性是较小的。所以我想,您是不是有朋友去过您的房间?因为这些酒瓶设计精美别致,很多客人很喜欢,一些不清楚酒店规定的客人还以为是酒店赠送的纪念品,不用收费,所以拿回去收藏了呢!陈先生,请您回忆一下是否有朋友去过您的房间或者您先跟他们联系一下?"一番通情达理的话语说得陈先生的表情渐渐柔和起来。此时,客房部将酒水消费单送到了前台,陈先生的目光停在那张单上,片刻,陈先生掏出手机……

"算了算了,经理,我朋友的电话打不通,先付掉算了!"陈先生打完电话说。"谢谢,陈先生!真的不好意思,耽误您这么宝贵的时间!我给您道歉了!"

## 评析

客人拒付酒水费用的原因多种多样,有些是因为想赖账而拒付,有些则是由于不知情而拒付。不管基于哪种原因,管理人员在处理时都应该在充分考虑客人颜面的前提下晓之以理,动之以情,用真诚的言语让客人做到心中有数。同时,根据客人的反应,管理人员再做出正确的判断。本案例中正是运用此法，在成功地维护了客人颜面的同时，也维护了酒店的利益，其中的一些细节可圈可点，值得效仿，如在与客人交谈时暗示结账员走开，从客人角度把酒瓶的外形精巧特征理解为纪念品等，都充分显示了大堂副理在处理此类案例上的经验和技巧。本案例中值得我们借鉴的地方有：

1. 从理解客人的角度出发，顾及客人的颜面。
2. 以适当的技巧点出事情的重点。
3. 据理据实，耐心说服。

### 思考题

在客人拒付已消费的费用时，怎样才能既维护饭店利益，又能顾全客人的颜面？

案例 5

## 情急智生——客人穿上了酒店制服

### 内容提示

一位准备会见客户的住店客人穿鞋时撑破了裤子，饭店用经理制服为客人解了燃眉之急。

### 案例正文

下午1时多，客房部当值督导小陈巡查至21楼时，2105房的房门打开了，一位先生探出头来，招手示意小陈过来。“怎么神秘兮兮的？”小陈心想，进了房间一看，只见客人的打扮有些滑稽，上身衬衣领带，下身却只围一条围巾。原来客人杨先生刚才准备外出，蹲下穿鞋时撑破了裤子，而他从广州赶来汕头只是为了在下午3时会见一位客户，第二天一早就退房，所以没多带换洗的西裤。眼看时间已不多了，十分着急，偏偏21楼是位女服务员，不好意思叫她过来，好不容易从房门猫眼望见小陈，好像见到了救星，请求赶紧帮忙缝补西裤。听完杨先生的诉说，小陈对陈先生表示一定会尽快处理好。由于时间紧迫，小陈拿着客人的西裤，直接找到洗衣房的缝纫师傅，可缝纫师傅看了后，表示无法缝补，因为撑破的不仅仅是接缝的地方，连附近的布都绷裂开，形成一个面积挺大的三角形口子，虽说用缝纫机缝补的方法可以勉强缝合，但痕迹会很明显。小陈想，若补后痕迹明显，客人穿上它会见客户时如不慎被发现，失礼不说，生意也可能泡汤，而且现在送到店外织补也来不及，最好先找条裤子让客人穿。小陈看着洗衣房衣架上一件件笔挺的制服，忽然掠过一个念头："酒店的工裤倒是现成的，就不知客人意下如何？但试试无妨。"主意拿定，小陈马上根据杨先生的尺寸挑了一条经理条纹裤和一条主管的黑西裤赶回2105房，将缝纫师傅的意见向杨先生作了解释，问他是否介意先穿酒店制服裤会见客户以免误事，另外把那条裤子送店外织补，晚上送回，不耽误第二天的行程。面对小陈真诚的态度和绝妙的主意，杨先生很爽快地选中了经理西裤穿上，还说今年流行条纹裤呢。小陈下了班，将客人的裤子送去市区一家颇有名气的专业织补店，足足等了两个多小时织补完毕才取回，效果还不错。晚上9点多，当小陈把裤子送回2105房时，杨先生风趣地说："小伙子，您让我当了一回'经理'，感觉还真好。"末了还告诉小陈他下午的会见很有收获。

### 评析

当洗涤部反馈西裤经缝补效果可能不佳后，客房督导并不是简单地将裤子送还表示没办法，而是积极找出替代方法，解决了客人的燃眉之急，同时主动将客人的西裤送往店外经专业织补后交还客人，使客人感受到酒店服务中的细微、周到和主动。本案例告诉我们，当客人有困难时，应：

1.高度重视客人的燃眉之急，不得回避，不得敷衍。

2.想方设法，巧妙处理，及时高效。

3.积极跟进，力求圆满。

### 思考题

该案例体现了"用心极至"、"润物细无声"的服务精神，为什么？

案例6

## 电工的鞋子

### 内容提示

有洁癖的英国简妮太太房间的台灯电源开关有毛病，需要修理。当工程部电工小顾按规定穿着电工胶鞋要进房修理时，却遭到简妮太太的拒绝。双方相持不下，又引来了一群看热闹的客人。

### 案例正文

住在902房的来自英国的简妮太太有洁癖，对房内卫生要求特别高，到了近乎苛刻的程度，例如进她房间的所有人都必须脱鞋。服务员们无不努力满足她的各种要求，开始几天倒也相安无事。

这一天，简妮太太告诉楼层服务员，她房内的台灯电源开关有毛病，服务员立即通知工程部。不一会儿电工小顾就来到楼层，进房前值台服务员小裘特意关照他，这位英国太太挺难侍候，得小心点。

可是，当简妮太太开门见到挎着电工包的小顾时，便挡在门口，她用手指他的电工胶鞋，更是不让他进房，又比划着手势，意思是要他脱下鞋才能进房。赤脚操作可是违反电工安全条例的！这下小顾为难了。于是他马上请来了楼层值台服务员小裘，请她帮助解释。小裘向简妮太太反复解释了好几遍，可她依然无动于衷。小顾在一旁有点不耐烦了，大声说了几句，简妮太太听了也恼火起来。双方相持不下，形成僵局，又引来了一群看热闹的客人。

还是小裘头脑冷静，她劝住了小顾，转身到客房部请来姜经理。姜经理赶来，弄明白刚才发生的情况后，觉得现场观看的人太多，会给客人造成压力，应该让客人换一下环境，有利于问题的解决。于是，他对简妮太太表示歉意，然后请客人到大厅咖啡屋小坐，耐心地听取了她的陈述，不时点头表示理解。待客人情绪平静下来以后，姜经理从容地提出自己的意见："简妮太太，话也要说回来，按照我们国家的规定，电工在操作时必须穿上胶鞋，以保障安全。刚才那位电工并不是有意要破坏您的习惯，这一点也请您谅解。当然，您的习惯应该得到尊重。我想是不是这样，我们先把床单铺在您房间的地毯上，待电工修理完后，再撤走床单，并请楼层服务员仔细吸一下灰尘。您看如何？"简妮太太觉得姜经理的建议合乎情理，表示同意，不过她还有一点要求，她要亲自在旁看着才可以放心。姜经理一口应允，并让她在这儿休息一会儿，待他安排好后再来请她。

姜经理回楼层请小顾再去维修902房的电器，把刚才商定的变通办法告诉小顾和小裘，并嘱咐他们一定要主动向简妮太太打招呼，态度要热情，说话要和气。两人心领神会。

一会儿，简妮太太回到902房时，铺床单的准备工作已经就绪。小顾和小裘完全按照姜经理的要求做了。大家耐心周到，尽心尽力地服务，终于感动了这位"皇帝"。当维修结束后，简妮太太主动和小顾、小裘等握手，表示感谢。

## 评析

当某些客人的特殊要求与酒店的服务规范、制度发生冲突时，往往使酒店管理者和服务人员感到很为难，左也不好，右也不是，拿不出圆满的解决办法来。但是，如果变通一下，情况就会大不一样，往往能收到两全其美的最佳效果。本例中客房部姜经理的办法就很成功。

当时,坚持执行电工操作规程的小顾和小裘与执意不让电工穿鞋进屋的简妮太太形成僵局,姜经理及时采取了正确的应变措施。首先,他把客人从众目睽睽的大庭广众带到气氛温馨的咖啡厅,减轻了客人的压力,大大缓和了矛盾;然后,他以不时点头理解的态度听取客人的陈述,稳定了客人的情绪;接着,他提出了合理的变通办法,使客人乐意接受,并欣然同意了客人提出的现场"监督"的要求;随后,他又过细地交代下属积极配合。姜经理的变通办法既遵守了国家电工安全操作规程,又满足了客人对客房清洁的特殊要求,皆大欢喜。

### 思考题

当某些客人的特殊要求与饭店的服务规范发生冲突时,应怎样处理为好?

案例 7

## 精洗高级裘皮大衣

### 内容提示

北京市某饭店作为一家五星级的旅游饭店,以曾经接待过某国总统而闻名于全国。一天,饭店洗衣房接到了住在对面某大厦客人的电话,要求为他洗涤一件为四星级的某大厦都不敢承接的高级水獭皮大衣。某饭店洗衣房的洗涤质量能像饭店接待总统一样的精益求精吗?这位客人也是半信半疑。

### 案例正文

某饭店洗衣房接到对面某大厦一位住店客人来电,询问是否能为他洗一件高级水獭皮大衣,客人说他一连走了几家酒店都说洗不了,该大厦建议他到该饭店来试探一下。

"这件大衣是我夫人最珍爱的,无论多少钱我都不在乎,条件是不能洗坏。不知你们饭店能否洗?"客人问道。

"裘皮大衣的洗涤工艺十分复杂,而且不同的皮毛有不同的洗涤方法,请您把衣服送来鉴定后再定。"洗衣房员工告诉客人。

几分钟后,客人携着夫人来到某饭店洗衣房。大衣果然是精品,绒毛细密,色泽和顺,皮板柔韧,针迹考究。洗衣房牛经理亲自进行质地检测后断定可以洗。他向客人保证洗涤效果,毛、板的质量不会有丝毫影响,但由于衬里太脏,不可能洗到与面子一样干净的程度,如果要清洗衬里,毛、板质量会受影响。客人对此无异议,但对洗涤效果仍不大放心,再次询问牛经理是否有百分之百的把握。

"我们饭店把信誉看得高于一切,"牛经理说,"我说的话代表我们饭店,我们一定保证质量。我告诉您三点:第一,万一洗坏,我们照价赔偿;第二,如果洗后达不到我讲过的标准,分文不取;第三,按国际标准,洗涤费用应为所洗物品价值的十分之一,这件裘皮大衣时价是18000元,我应收1800元,但考虑到我国消费水平还不高,我们就收取800元洗涤费用。"

客人看到牛经理的信心与诚意,便放心地把大衣留在洗衣房,牛经理答应客人第二天可来取衣。

翌日,客人夫妇来取衣时,对大衣上上下下、里里外外进行了极为细致的检查,果然无可挑剔。他们跷起大拇指称赞道:"你们饭店果然名不虚传,800元值得!"

## 评析

本例显示了某饭店洗衣房为宾客服务的不同凡响之处:

1.信誉来自于优质服务,而优质服务又来自于敬业精神和高超的技术,提高服务质量一定不可忽视技术、技能的训练。

2.牛经理在接下大衣之前把洗涤效果交代得一清二楚,并且强调达不到这个标准分文不取,这种经营之道是我国目前服务行业所欠缺的。当今一些国有企业员工积极性不高,有风险的或收益不大的或难度较高的业务能推则推,而有些个体企业则为了多揽业务,在接件之前什么都答应,收款后就把一切许诺都丢在脑后。该饭店洗衣房"一言既出,驷马难追",信守诺言,注重质量,在同行中赢得了极高的声誉。

3.该饭店洗衣房的信誉还来自于公道的价格,他们以不到国际标准一半的价格接下这项难度极大的业务,从另一侧面反映了他们的优质服务,与那些专做"一锤子"买卖、磨刀霍霍的"斩客"企业有着天壤之别。

当然,洗衣房在承接这类对洗涤工艺要求很高的物件时,要持实事求是的态度。该饭店洗衣房员工接到客人来电后,首先讲明"把衣服送来鉴定后再定";客人将皮衣送来后,牛经理亲自进行质地检测;同时又实事求是地告诉客人"衬里太脏,不可能洗到与面子一样干净的程度",使客人看到了牛经理的信心与诚意,同时又避免了可能发生的争议。该饭店正是以"诚、信、精"享誉于饭店业。

## 思考题

1.饭店洗衣房的主要业务是什么?

2.为什么说优质服务来自于敬业精神和高超技术？

3.以上案例对你有何启迪？

案例 8

# 宾馆内的麻醉抢劫案

## 内容提示

犯罪分子在酒店内除运用惯用的作案方式外，逐步向智能化作案方向发展，近日武汉某区发生的麻醉抢劫案说明了这一点。

## 案例正文

8月10日晚12时左右，犯罪嫌疑人刘俊、吴友刚搀扶着两位小姐到武汉某区某宾馆，然后使用名为王军的假身份证一人登记，两男两女同进入307房间。因事先两位小姐与两男在外吃夜宵时饮用了放有麻醉药的饮料，感到头晕。在昏迷不醒的情况下，两男乘机抢走两女手机两部，现金500余元，得逞后逃离现场，并用同样手段在其他宾馆旅店作案，后被当场抓获。经公安部门审查，刘、吴两犯系社会无业人员，是4人组成的犯罪团伙成员。目前4名犯罪团伙已全部被抓获拘留，案件在进一步审理之中。

## 评析

本案例表明，一些宾馆旅店的治安管理存在着严重漏洞，原因主要表现在以下几个方面：

1.此案首先选择合适目标，有预谋地在另一场所吃夜宵的饮料中放入麻醉药，作案后谎称小姐喝醉了酒需要休息，登记进房后实施抢劫。因服务人员在接待服务过程中未留心观察喝醉酒的小姐身上有无酒味，有无呕吐现象，使罪犯得手后从容离开现场。

2.验证不严，罪犯用名为王军的假身份证登记时有两处明显误差，一是工作单位栏填写“省计委接待办”，事实上无此单位；二是假身份证编号栏出生月写成32。如能及时发现上述疑点，就可把住登记验证关，将情况报告有关部门。

3.一人登记，多人住宿，或甲登记，乙住宿，明显违反《旅店业治安管理规定》第十条第一款，即凭本人有效证件登记验证后方可住宿。而登记员在仅一男青年登记的情况下，竟允许两男两女同住一间客房，说明他思想松懈；深夜值班人员也警惕性不高，缺乏安全管理责任感，致使犯罪分子作案后逃之夭夭。

因此宾馆要加强对员工的治安业务知识培训，提高员工安全意识，严格把好住宿登记验证关，真正将各项安全制度落到实处。

### 思考题

1.饭店有哪些主要的安全设施？

2.饭店治安管理的基本原则是什么？

案例 9

## 通行无阻的惯盗

### 内容提示

8 月的某天上午，实习生小张正在打扫房间，一位仪表堂堂、举止不凡而又自然的客人径直走进房间，催促小张赶快搞好卫生，以便接待访客。小张急忙搞好卫生就离开了房间。不料该房真正的住客下午却来报失，说房间丢了 5000 元人民币和一件高级名牌 T 恤衫。

### 案例正文

2004 年 8 月的某一天上午，在北京某四星级饭店的 6 层客房，实习生服务员小张正在一间住客房清扫卫生，这时房门开着，只见一位男客人径直走进了这个房间。小张一看此人身材魁梧，近 1.80 米的高个子，衣着考究，穿一身高级服装，五官端正，从容不迫，气度不凡，像是高级商客，又像企业的管理人员。这位男客人一进门就冲小张喊道："怎么搞的，我的房间怎么还没搞好？一会我的客人要来，快点儿，快点搞！"说着，随手打开冰箱，拿出一瓶可口可乐坦然自若地喝了起来。小张看着这位客人仪表堂堂，举止气派而又自然，一下子被蒙住了。小张心想，房间的客人回来了，还是位高贵客人，客人着急了得赶快搞卫生。想着就加快了工作速度，急急忙忙搞完卫生就离开了房间。

下午，住在这个房间的客人来报失，说在房间丢了 5000 元人民币和一件高级名牌 T 恤衫，而且强烈要求到公安局报案。案情发生后，本楼层的 3 位服务员（包括实习生小张）至此才知道自己放进去的是盗贼，十分害怕，遂订立攻守同盟，一口咬定服务员开门时那个"客人"已在房内，这样使此盗窃案蒙上了迷雾，给侦破工作带来了很多困难与麻烦。因为该饭店的客房门锁是高级电子门锁，没有密码 IC 卡根本进入不了房间。3 位服务员的假口供使公安人员一开始判断为该实习生与罪犯是里应外合。公安人员从晚上审问到第二天凌晨3点多,仍无结果,实习生拒不承认与罪犯合谋此事。当时实习生的带队老师十分着急,对公安人员提出要求,学生的年龄不足18岁,现在的带队老师就是学生的监护人,有权旁听公安人员对学生的调查审问;同时又提出重新看两遍饭店内部监视录像。于是大家在一起反复几遍来看监视录像,这时才发现,该男子曾3次从饭店大堂穿过,他又从客房1层到9层反复串了好几遍,他在寻找下手的时机,最后在6层楼找到机会,进了房间。该男子进房间后,以气宇轩昂的外表、镇定自若的神态欺蒙了实习生小张,实习生小张认定男子是本房间住的客人,在男子催促之下小张连起码的客人进房制度都忘了,致使该男子轻而易举地窃得住房客人的财物,然后从容不迫地溜之大吉。案情至此已真相大白,公安人员从录像中认出此男子是个惯盗,该盗贼前不久在北京某五星级酒店就曾用此犯罪手段盗窃了3万余元人民币,后又窜至此饭店继续明目张胆地作案,真是个猖狂的高级惯盗。市公安局立即向市内的各饭店宾馆发了传真,通缉该犯罪分子。

被盗的住店客人向饭店提出索赔所受经济损失50%的要求,饭店同意给予赔偿。客房部经理管理疏漏,自罚,个人向客人赔偿1000元,另外1500元由饭店负责赔偿;实习生小张提供假证,态度极不老实,因工作失误酿成严重事故后故意隐瞒事实,被店方开除。

## 评析

住店客人特别是高星级酒店的客人最容易成为盗窃犯罪分子下手的目标。一是住客一般比较有钱;二是住客安全意识较差,为了图方便,现金和贵重物品往往不喜欢存放在前厅部的贵重物品保险柜里;三是少数员工缺乏防范意识和丧失警惕,给了犯罪分子以可乘之机。本案例的教训是深刻的。

1.此案例中发生的盗窃案后果是严重的,首先使客人财产受到严重损失,危及客人的安全;其次是严重破坏了饭店的安全秩序,造成不良影响,极大损害了饭店声誉,势必影响饭店的经营,降低客人对饭店的信任,影响到客源,这损失是不可估量的。

2.此盗窃案的发生是由几方面的原因造成的。一是实习生对不法分子严重缺乏防范意识,丧失警惕,不按规定的程序检查客人的房卡,给不法分子以可乘之机,使其轻轻松松地作了案,实习生小张要负直接的、重要的责任。二是客房部的管理人员对上岗前实习生安全教育不够,未能使实习生树立强烈的安全防范意识,使实习生对不按规定验看房卡的危害毫无认识,而导致实习生疏忽关键的手续制度,酿成大事故。三是客房管理不严格,一名陌生的客人在客房9个楼层来回窜，竟无一人发现，无人过问，可见员工与管理人员对楼层来往人员的观察注意是十分不经心的，使不法分子终于找到作案时机，对此管理人员要负重要责任，客房部经理自责是应该的。四是保安部也应负重要责任，饭店所设监控系统形同虚设，根本没有发挥作用。当时监视录像清清楚楚录下了不法分子到处乱窜的可疑情况，却未有一个保安人员发现，证明当时监控室无人尽职尽责地观看监控录像，直到案发后，才想起看录像，但是这时已经晚了。这是保安部门严重失职，应该追究责任，给以处罚。

以上几个环节都不把关，难怪惯盗一路畅通，作案易如反掌，从某种意义上说，几方面的人员都在纵容不法分子作案。如果其中某一环节的工作人员警惕性高而加以控制与预防，盗贼就绝不会得逞。

3.在此案例中，实习生小张的错误一是以貌取人，凭外表认定是客人，使坏分子轻而易举地作案。此案告诉我们，坏分子不会显露在脸上，不会都是贼眉鼠眼、贼头贼脑、獐头鼠目、行为粗鲁的坏人相。当今的不法分子更注意伪装，他们常以相貌堂堂、衣着讲究、举止文雅的形象出现，以迷惑欺骗善良的人们，使用更加隐蔽的手段作案，往往更容易使人们丧失警惕，而使他们作案得逞。所以每一位服务员要从此案例中吸取教训，接待服务中绝不能以貌取人，要学会察言观色，巧妙分辨客人与不法分子。小张的错误二是案发后逃避责任，隐瞒事实，掩盖自己的错误，提供假证，态度不老实，给办案人员造成困难。案发后小张应老老实实承认错误，如实反映事实，协助公安人员调查。犯错误不可怕，可怕的是掩盖错误，使问题的性质更严重了。

4.此案例，使我们可以更加深刻认识到安全防范的重要性，对酒店的法规有了更深的理解。酒店的规章制度、服务程序、操作规范是非常科学与严格的，严格、认真执行这些法规就可以保障工作质量，预防各种事故的发生，每位员工要认真学习饭店的各种法规，严格执行，而绝不能有一点的疏忽。此案例应引起酒店全体员工的警觉。

## 思考题

1.饭店预防盗窃事故的发生应采取哪些措施？

2.正在打扫房间时，有客人称自己是房间的使用者，服务员应怎样处理？

案例 10

# 《服务指南》不见了

## 内容提示

广西某宾馆是一家星级饭店，某个周日的上午，服务员查 709 房的客用品时，发现一本印刷精美的《服务指南》丢失了，结果收银处扣了正退房结账的陈先生 15 元钱，陈先生却矢口否认他拿了《服务指南》，并怒气冲冲地找值班经理投诉。

## 案例正文

事情发生在广西某宾馆。

初夏的一个周日上午，值班经理刚从营业场所巡视回来便接到一个客人打来的外线电话。

一拿起电话，他便听到客人怒气冲冲的声音："你们宾馆是怎么回事，乱扣客人的钱！"

"您好，我是宾馆的值班经理。请您息怒，有什么麻烦我一定替您解决。请问先生贵姓？"值班经理心平气和地答道。

"我是住 709 房的客人，姓陈。今天早上退房的时候服务员说房间里有一本《服务指南》不见了，结账时扣了我 15 元钱。"客人的语气稍微缓和了一些，但言语间仍带着不满，"因为当时我急着要去办事，没有跟你们计较。刚才和朋友们谈起这件事感到很没面子，心里觉得很不舒服。"客人停顿了一下接着说："我们要那本《服务指南》有什么用？再说吧，就算是我们拿了《服务指南》，还可以为你们宾馆做做宣传，凭什么要我们赔偿？"

"陈先生，您别着急，我这就给您去了解一下情况。请您留下电话号码，半小时左右我给您答复，您看好吗？"征得客人同意后，值班经理放下了电话。

经过对有关人员的调查询问以及实地查找，发现 709 房确实丢失了一本印刷精美的《服务指南》。值班经理也曾考虑过，有可能是前一位住客拿走了《服务指南》。但根据记录，陈先生入住前，楼层领班及部门经理都仔细地检查过这间 OK 房，所以这种可能性很小。另外还了解到，该客人入住期间曾在房间接待过访客。看来，如果陈先生没拿《服务指南》的话，应该是他的朋友顺手拿走了。按宾馆的规定，《服务指南》不属于低值易耗品及赠品一类，而与客房的其他物品一起开列在《顾客须知》的“补偿物品”一栏上。总台人员按规定收取客人的补偿金是正确的。

半小时后，值班经理拨通了陈先生的电话。

“您好，陈先生。刚才我们到709房再仔细寻找了一遍，可是还是没有找到那本《服务指南》。按照惯例，《服务指南》不属于赠送品，而客房里的台历、宣传册对宾馆的介绍更为全面，它们是免费赠送给客人的。”

“可我确实没有拿。”客人分辩道。

“我们相信您没有拿。那么，入住期间有没有其他人到过您的房间呢?”

“有几位朋友到过。嗯……”

“无论如何，首先要感谢您对宾馆的支持，想到要为我们宾馆做宣传；感谢您给我们提出了一些在日后工作中应该注意的问题。另外考虑到您也受到了损失，下次您邀请朋友来消费时，我们给您一定的优惠作为补偿，您看呢?”

此时客人考虑到，朋友是否拿了《服务指南》一时无法判定，再就此争辩下去也没有多大意义，不如顺水推舟地接受值班经理的建议。

值班经理放下电话后迅速地做了投诉记录，并在次日的晨会上提醒有关部门注意服务质量的督查工作。

过了些日子，陈先生带着他的朋友来消费，宾馆提供的优惠条件以及优质服务令他非常满意。

### 评析

饭店客房内供客人使用的物品一般可分为两种。一种是一次性消耗用品，即供客人一次消耗完毕、完成价值补偿的用品，如茶叶、信封、洗涤液、洗发液、香皂等，这些用品是客人可以带走的；一种是多次性消耗用品，像棉织品、玻璃瓷器、服务夹及《服务指南》等，可连续多次供客人使用，价值补偿要在一个时期内逐渐完成，这些用品不属于赠品，如果客人拿走，是要付给宾馆补偿金的。住店客人弄丢或者因喜欢拿走这些物品，这对于酒店行业来说是极为普通的事情。如果处理不当，常常会使得事态扩大，甚至会给酒店的声誉造成不良影响。在处理投诉的过程中，值班经理在以下几个方面体现出了良好的素质：

1.注重了语言表达的艺术。首先以温和的态度来消除客人的怒气。用一定时间来调查，使客人感受到宾馆对此事的重视程度。在了解情况之后，基于对宾馆自身服务以及监督程序的自信，值班经理倾向于持否定意见，但并不直接向客人言明，以免激起客人不满，使冲突进一步激化，而是以委婉的方式向客人解释了宾馆的有关规定，以及补偿品与宣传品的区别。

2.善于推理分析,对客人表示出充分的信任,果断地把“错”从客人身上转移开,然后以“那么”为转折,使客人的思路自然地转移到解决问题的良性轨道上来,并启发客人抓住解决问题的关键。

3.在客人意识到“有可能是哪位朋友拿了”之后,值班经理并没有继续深究“到底是谁拿了”这个问题,而是把话题转移开,巧妙地利用“替代”的方法,“考虑到您也受到了损失(暗示赔偿了十五元),下次您邀请朋友来消费时,我们给您一定的优惠作为补偿”,使客人既保全了面子,宾馆也收取了补偿金,而且使陈先生成为宾馆的回头客人。

客人在离店以后与酒店的直接利益关系便暂时告一段落,但在情感上仍与酒店保持着一定的联系。广西某宾馆值班经理并不因为陈先生已经结账离店便对他的投诉敷衍了事,而是遵循“酒店无小事”、“诚信待客”的原则,圆满地解决了这起投诉,同时还体现了酒店注重对客服务的延伸性这一经营宗旨。

### 思考题

1.本案例中,值班经理是怎样妥善处理好赔偿纠纷的?

2.试述客房用品的分类及管理方法。

3.处理客人投诉的基本步骤和方法是什么?

案例 11

## 花台架缺损了一个角

### 内容提示

客房用品与餐饮产品相比,它的一个重要特点是客人付费住宿后,客人取得的权利是对客房用品的使用权,而所有权仍然归饭店所有。客人一旦损坏了物品,是需要进行赔偿的。两位打扮十分时髦的法国太太不慎损坏了饭店从意大利进口的大理石花架台面。怎样才能圆满地处理好向客人索赔的事情呢?

### 案例正文

某五星级宾馆内,8 楼服务员打扫 807 房时,发现房内大理石花架台面缺损了一个角,她连忙向客房部经理作了报告。客房部经理赶到房间,在地面上果然找到一块碎片。经检查,是人为损坏。服务员告诉经理,这里住的两位客人是来自法国的中年太太。

傍晚，客人回到房里。客房部经理彬彬有礼地前往了解，站在他面前的是两位长得很胖的妇女，打扮得十分时髦，年纪都在35岁上下。

客人承认是昨晚拍照时坐在台面角上后坏的。接着其中一位年轻一些的太太怒气冲冲地说，刚开始拍第一张照片她坐上台面，一个角便掉了下来，当时她没穿袜子，尖角还弄破了皮肤。另一位客人则埋怨，五星级酒店里怎么能采用如此质差的设施。客房部经理不动声色地听完申诉，接着说：台面的大理石是世界上最好的意大利进口货，花架台是放置盆花的。如果由于花盆质量而导致台面掉角，责任在酒店，倘若客人因此受伤，酒店应负全部责任。然而，此次事故因压了不应压的重物才发生，显然不应由酒店负责。

听经理口气，要她们赔偿，两位客人面露愠色。其中一位说，她们住进来时便发现这个台面一角有浅浅的裂痕。客房部经理对破损边缘作了仔细的检查，果然发现有污痕，于是他礼貌地对客人说，台面的确早有裂痕。说完便打电话把工程部有关人员请来，客房部经理建议划去台面周围一圈，改成一个较小的花架台，工程部人员同意这个提议。当法国太太被告知只需赔偿200元人民币时，心服口服，当场便付了钱。

### 评析

本案例中，客房部经理在以下两方面处理得非常出色：

1.他极其尊重客人，重视他们的意见。当他发现台面早有裂痕时，能够站在维护客人利益的立场上，坚持实事求是的原则，让客人支付最低限度的赔偿，客人在这种情况下没有理由不接受他的建议。

2.他的说话艺术十分高明，摆事实，讲道理，讲清责任所在。在讲道理的过程中，又特别用了“重物”一词来代替“胖”字，避开了肥胖者的忌讳，这就赢得了两位太太的好感，为最后圆满处理这件事故打下了重要基础。

### 思考题

本案例中客房部经理和大堂经理是怎样巧妙地使饭店和客人双赢的？

**案例12**

## 客人沐浴被烫伤

### 内容提示

卫生间的热水烫伤了客人，酒店的服务员和主管只顾将责任推给客人，结果让客人火冒三丈。

## 案例正文

一天，某酒店客房内发生了一件令人不愉快的事。客人原想放水在浴缸内洗澡，后来担心浴缸不干净，于是改为站在浴缸内沐浴。

客人先调水温，由于浴室内温度低，客人感到冷，便马上冲洗起来，片刻水温突然变得滚烫，结果把客人的皮肤烫伤了一块。他勃然大怒，匆匆穿上衣服把客房楼层服务员喊来，提出申诉说："你们这里怎么搞的？沐浴器根本不能用，我被烫伤你们要负责！"服务员面对生气的客人不吭一声，借个理由便离开客房报告管理员。管理员闻讯后径直来到客房，见到客人没有道歉，反而用教训口气说："我们酒店供给浴室的水水温最高是60℃，在通常情况下，人体是不会烫伤的。多半是你不注意，将水龙头开关的方向拧错了，所以放出大量热水。另外，当拧动开关以后还要等一会儿，沐浴器流出来的水水温才会稳定。"

客人听罢，火冒三丈："你们的服务简直不像话，明明是沐浴设备失灵，却倒打一耙，责怪我不注意，我要找你们的经理讲理，你们酒店要负责赔偿治疗费和……"

酒店经理接到客人的电话以后，知道管理员处理不当，为平息客人怒气便马上来到客房，诚恳地说："我代表酒店对您表示歉意。您被烫伤所需要的医疗费用自应由店方负责。但当务之急是应当先把您的伤口检查一下，该包扎的马上包扎，随后送您去附近医院检查。您看如何？"客人感到经理的话合乎情理，同意先让酒店的医生检查一下。

## 评析

本案例中客人被烫伤的责任应归之于酒店。

1.该酒店的沐浴是老式的，出水口固定在上方，下面是开关的把手。客人使用这种结构的沐浴器，只能一边淋着还没有调节好的水，一边调节水温。最好改成新型沐浴器，可排除烫伤或过冷的可能，使用起来也方便。

2.该酒店站在自己的立场上，错误地认为使用沐浴器属于常识问题，因此就没有把使用方法明确告诉客人。现在有些酒店在更新洁具设备时，在卫生间张贴一张简明的示意图，此举十分必要，这样能消除客人烫伤之类的隐患。

3.当客人提出申诉或索赔时，酒店服务员和主管人员应该掌握客人的心理，注意使用合适的语言技巧，更不能推卸责任，把错"让"给客人，乱顶硬争只会使事态恶化,带来消极的后果。

### 思考题

该案例中,客房管理者有哪些方面是值得改进的?

案例13

## 日本客人拒付电话费

### 内容提示

一位住店日本客人怒气冲冲地向大堂副理投诉,一位打扫清洁卫生的服务员在其房间私打电话,并且不理睬他的盘问。客人扬言,拒付任何电话费。

### 案例正文

某日上午10点,住1508房的日本客人九井先生朝大堂副理处走来。大堂副理王先生看到客人脸色阴沉,充满敌意,心中已预料到几分:客人肯定遇到了不愉快的事。

王副理用日语微笑问候:"您好,九井先生,我能帮您什么忙吗?"

客人怒气冲冲地说:"我刚才去房间,发现你们的服务员正在我房内打电话,我拒付任何电话费……"

"发生这样的事情,我感到很遗憾。"王副理边说边请客人坐下,为他倒了一杯热茶。

客人见王副理态度和蔼,服务热情,怒气消了一半。

"九井先生,请您把详细过程告诉我好吗?"

王先生拿笔准备在备忘录上做记录。

"大概是9点半,我过客房时,服务员正在打电话,我问她为什么在我房内打电话,她看看我不回答,继续打扫房间……"客人说。

王副理一听,是位清扫客房的服务员,目前还在上班,于是马上对客人说:"九井先生,我马上调查此事。到总机查询您的房内电话记录,半小时后告诉你处理结果好吗?"看客人没什么异议,他又说:"请您先回房休息好吗?"

客人一听,半小时就能查出此事,就回房了。

王副理送走客人,马上到客房部,询问刚才清扫1508房的服务员小张。小张告诉王副理,她并没在客人房内打电话,客人进客房时,她正在抹尘擦拭电话,客人对她讲了几句日语,她听不懂也就没有回答客人。接着王副理又到总机查询电脑记录,当日上午9点到10点该房并没有任何电话记录。于是,王副理向总机要了一份九井先生入住3天以来的全部电话记录资料。

半小时后,王副理准时到客人房间,此时客人正在房内等候。王先生请客人看了他住店3天的电话记录,询问客人是否有出入,并特别提醒客人看了当日9点到10点房内没有电话记录。客人看完后表示没有意见。接着王副理向客人解释说:"您进房时,服务员小张正在擦拭电话,看电话是否接通正常,以方便客人使用,并没有打电话,因她不会讲日语,所以没有向您解释。"客人一听,满脸歉意。王先生最后说:"不过,我们也有失误,对服务员的日语培训不够,影响了对您的服务。在此我代表酒店向您表示歉意,谢谢您的合作。"客人忙说:"请多关照,请多关照。"

王副理圆满处理完客人的投诉后,心情并不轻松。分析起来,这次投诉的发生缘于服务员不懂日语。过去饭店的外语培训只注重英语,近来常有日本客人入住饭店而饭店对员工的日语培训却没有及时跟上去。根据这一情况饭店提出,随着饭店客源市场的变化,应加强员工的日语培训,提高接待服务质量。

## 评析

饭店服务的复杂性使任何饭店都不可能做到使每位客人都百分之百的满意,客人的投诉对任何饭店来说都是难免的,饭店对客人的投诉应持欢迎的态度,并对客人的投诉给予正确及时的处理。因为客人投诉的正确处理,可以加强客人同饭店的联系和感情,使客人感到饭店是认真贯彻"顾客至上"宗旨的;同时,可以通过客人投诉所反映的情况,发现饭店服务工作中的缺点和漏洞,改善和提高饭店的服务质量。本案例中大堂副理对日本客人投诉的处理,为我们显示了怎样妥善地处理客人投诉的原则和技巧。

1.客人向饭店投诉时,心中往往充满怒火,希望通过投诉机会发泄出来,以维持他们的心理平衡。饭店管理人员在受理客人投诉时,首先就要创造一种环境,让客人自由发泄他们不平的情感,把火气降下来,恢复理智的状态,为问题解决奠定基础。本例中的大堂副理王先生经验丰富,善于察言观色,熟悉投诉的日本客人的情况,他用姓名称呼客人,并用客人的母语(日语)与其对话,并仔细聆听客人投诉,对客人表示同情,这就使其心情逐渐平静下来,"怒气消了一半"。一个人在盛怒之下,会失去理智,而在平静中则会比较实事求是地解决问题,这是普通常识。

2.客人在实施了投诉行为后,都希望别人认为他的投诉是正确的,他们是值得同情的;另一方面,客人前来投诉时,对饭店工作人员会有一种戒备心理，因为他们往往认为，饭店的人仅仅是饭店利益的代表。针对客人的这种心理，饭店管理人员在处理客人投诉中，要把客人看成是一种需要帮助的人，用“替代”的方法，即以自己一系列的实际行动和话语，使客人感到饭店人员是尊重和同情客人的，从而把客人不满情绪转化为感谢的心情，这是解决客人投诉最积极有效的方法。大堂副理王先生一边请日本客人坐下，又为客人倒了一杯热茶，“发生这样的事情，我感到很遗憾”，向客人表示同情，并在备忘录上做记录，等等。这些都是用“替代”的方法使客人信赖饭店，并把饭店管理者看成是他们利益的代表，这就为问题的解决铺平了道路。

3.在接受客人投诉时，要善于分析、听清客人的意见，弄清客人的要求，然后果断地解决问题，这是解决客人投诉的关键所在。大堂副理王先生遇事冷静沉着，推断出现该问题的原因，一听那位清扫客房的服务员目前正在上班，在充分估计处理问题所需时间后，立即行动，并把要采取的措施和解决问题所需的时间告诉客人，并且遵时守信，找到问题答案后及时地告诉客人，并讲究语言艺术，利用充分的证据让客人心服口服。而且王先生还站在“客人总是对的”立场：“不过，我们也有失误，对服务员的日语培训不够”，对客人表示歉意和感谢，既圆满解决了投诉，又加深了客人对饭店的感情。

4.饭店是一个有声有色的小社会，服务中出现失误和漏洞是不可避免的，但不能重复犯同样的错误。对客人的投诉进行解析，找出问题根源，吸取应有教训，制定改进措施，把每次投诉变成真正改进服务的动力，才能使饭店的服务质量得到不断地改善和提高。加强日语培训正是适应客源市场变化、提高接待服务质量的有力举措。

**思考题**

有的人认为，客房服务员仅仅是打扫房间，不需要进行语言、礼节礼貌的培训，你是怎样认识的？为什么？

**案例 14**

## 客人带走一条浴巾

**内容提示**

816 房的客人准备结账离店，客房服务员发现客人带走了一条浴巾。客人认为饭店不会为了一条浴巾让其在大堂打开箱子，使其难堪。怎样才能圆满解决此事呢？

## 案例正文

一位客人拎着手提箱乘电梯到大堂,准备结账离店。客房服务员按常规走进客房,眼睛向四周一扫,又迅速走进卫生间,检查一应用品是否遗失,发现原先放在架子上的一条浴巾不知何时不见了。客房服务员第一个反应就是走到床边打电话通知收银员:"816 房间的客人把浴巾带走了。"

收银员接到电话立刻通知大堂副理,说有急事汇报,请他速与 8 楼服务员联系。电话刚挂上,客人已经来到前台。收银员一边结算账务,一边稳住客人,找些话题与客人周旋,请客人对饭店服务提些意见。

3 分钟后大堂副理来到收银处,十分礼貌地请客人到一处比较僻静的地方。

"X 先生,客房服务员发现您房里少了一条浴巾……"大堂副理后面的话没有下文,但已不言而喻。

"您的意思是说我拿走了饭店的浴巾?"客人的脸色铁青,似有问罪之意,但在气愤之余不免露出一些不安的神情。

大堂副理明白浴巾就在他的手提箱里,按照饭店规定,遗失一条浴巾需向客人索赔 50 元,如果让保安员来处理这事,简单快捷,但必然会损伤客人的自尊心,从而失去一个潜在的回头客。他知道在现在这种情况下,客人为了面子,绝不可能当众打开箱子交还浴巾。

"请您想一下,今天您是否有朋友来过?"他想给客人一个台阶下,让客人体面地支付赔偿费,以摆脱尴尬的局面。不料,客人在情绪紧张、心理踌躇之下,一时难以很快领悟善意的提示。他认为大堂副理是不会为了一条浴巾而命人打开箱子给客人难堪的,当然也不愿为此付出 50 元赔偿费,故而,矢口否认曾有客人来访。

大堂副理见此招不灵,又生一计,"请您回忆一下,是否可能披了浴巾走出房间,后来放在哪个地方忘记了?"他希望客人能接受暗示,同意到楼上再找一下,借此机会把箱子内的浴巾取出,不失面子地交还给饭店。但客人仍不理解大堂副理的意思,还是断然否定。

大堂副理不愿使事态走向极端,继续循循善诱地给予更加明确的启示:

"不久前我们也遇到过这样的情况。我们请客人到楼上再找一下,果然发现浴巾被毯子遮住了。请先生最好也能到楼上看看,会不会把浴巾掉在哪个角落里了?"

客人到此总算明白过来,提起箱子上了电梯。大堂副理拿起电话告诉 8 楼房务员,把房门打开后让客人独自进去。他挂好电话对着收银员会意地笑了。

10分钟后,客人返回大堂,脸涨得通红。

"你们的服务员太粗心了,浴巾明明在沙发后面!"似有一股莫大的怒气冲着大堂副理而来。

见状,大堂副理的心弦顿时松开了,一次不愉快的冲突就此避免了。

"X先生,十分抱歉,让您又上了一次楼,耽搁了您的时间,感谢您的合作。"大堂副理仍一如既往,彬彬有礼地向客人道别。为了使客人尽快稳定情绪,大堂副理故意把话题扯到别处,以冲淡眼前的尴尬气氛。临别时两人再度握手,大堂副理对客人说:"希望饭店能给您留下美好的印象,欢迎再次光临。"

大堂副理的处理方法既维护了饭店的利益,又保住了客人的面子。由于客人体体面面地下了台阶,再度下榻该店是十分顺理成章的事。

## 评析

客人私自拿走了饭店的一条大浴巾,饭店方面应该追回,但客人一般不愿当众承认。怎样才能既顾及客人的脸面,又能巧妙地让客人退回浴巾呢?本案例为我们提供了一个怎样将"对"让给客人的范例。

首先,大堂副理准确地掌握了816房客人的心理状态:透过客人"气愤之余不免露出一丝不安的神情",明白浴巾就在客人的手提箱里;客人非常爱面子:"客人为了面子,绝不可能当众打开箱子交还浴巾","也不愿为此付出50元赔偿费";同时客人还有侥幸心理:"大堂副理是不会为了一条浴巾而命人打开箱子给客人难堪的。"

其次,大堂副理很清楚:"按照饭店规定,遗失一条浴巾需向客人索赔50元,如果让保安员来处理此事,简单快捷,但必然会损伤客人的自尊心,从而失去一个潜在的回头客。"

基于以上两点,大堂副理不愿使事态走向极端,而是采用把"对"让给客人的方式,一而再、再而三地给客人寻找"下台阶"的机会,由暗示到明示:"请您想一下,今天您有否朋友来过"(暗示);"请您回忆一下,是否可能拔了浴巾走到房间,后来放在哪个地方忘记了"(暗示);最后,明示客人:"请先生最好也能到楼上看看,会不会把浴巾掉在哪个角落里了",终于使客人体面地交还了浴巾。同时为了冲淡客人"脸涨得通红"的尴尬心理,大堂副理把话题扯到了别处,使客人绷紧的唯恐大堂副理捅破浴巾真相的心弦终于松开了。自然,客人会成为饭店的回头客。

## 思考题

以上案例怎样体现了把"对"让给客人的艺术?

案例 15

# 干洗还是湿洗

## 内容提示

客房服务员小江代中国台湾客人填写洗衣单,结果是客人名贵西服因湿洗出现了破损,一场赔偿纠纷不可避免。

## 案例正文

江苏省某市一家酒店住着中国台湾某公司的一批长住客。那天一位台湾客人的一件名贵西装弄脏了,需要清洗,当服务员小江进房送开水时,台湾客人便招呼她说:“小姐,我要洗这件西装,请帮我填一张洗衣单。”小江想客人也许是累了,就爽快地答应了,随即按她所领会的客人的意思,帮客人在洗衣单湿洗一栏中做了记号,然后将西装和单子送进洗衣房。接手的洗衣工恰恰是刚进洗衣房工作不久的新员工,她不假思索地按单上的要求对这件名贵西装进行湿洗。不料,在西装口袋盖背面出现了一点破损。

台湾客人收到西装,发现有破损,十分恼火,责备小江说:“这件西装价值4万元,理应干洗,为何湿洗?”小江连忙解释说:“先生,真对不起,不过,我是照您的交代填写湿洗的,没想到会……”客人更加气愤,打断她的话说:“我明明告诉您要干洗,怎么硬说我要湿洗呢?”小江感到很委屈,说:“先生,实在抱歉,可我确实……”客人气愤之极,抢过话头,大声嚷道:“你真不讲理,我要向你上司投诉!”

客房部经理接到台湾客人投诉——要求赔偿西装价格的一半2万元时,吃了一惊,立刻找到小江了解事情原委,但究竟是交代干洗还是湿洗,双方各执一词,无法查证。经理十分为难,他感到问题的严重性,便向主持酒店工作的常务副总经理作了汇报。常务副总也感到棘手,便召集酒店领导反复研究,考虑到这家台湾公司在酒店有一批长住客,尽管客人索取的赔款大大超出了酒店规定的赔偿标准,但为了彻底平息这场风波,稳住这批长住客,最后他们还是接受了客人过分的要求,赔偿2万元,并留下了这套西装。

## 评析

本案例中的赔偿纠纷虽然起因于客人让服务员代填洗衣单,以致纠缠不清,但主要责任仍在酒店方面。

1.客房服务员不应接受替客人代填单子的要求,而应婉转地加以谢绝。在为客人服务的过程中严格执行酒店的规章和服务程序,这是对客人真正的负责。

2.即使代客人填写了洗衣单后,也应该请客人过目,予以确认,并亲自签名,以作依据。

3.洗衣房也有责任。首先是洗衣单上没有客人签名,不该贸然下水;其次是洗衣工对名贵西服要湿洗的不正常情况若能敏锐地觉察,重新向客人了解核实,本可避免差错。这就要求洗衣工细致周到,熟悉业务。

由于投诉客人是长包房客,为了稳住这批长包房客源,这家酒店领导同意客人巨额赔款的要求,这样做是完全可以理解的;尽管客人的确也有责任,但酒店严格要求自己,本着"客人永远是对的"这一原则,从中吸取教训,加强服务程序管理和服务培训,是很有必要的。但在有关赔偿纠纷处理过程中,对客人的过分要求,酒店应本着有理、有利、有节的原则进行处理。就本例的情况而言,酒店一般尽可以将客人破损不大的衣服修补好,然后再按规定适当赔偿客人损失。

### 思考题

1.试述洗衣服务的步骤及标准。

2.为什么会发生这起洗衣纠纷?

**案例 16**

## 这件衣服该不该收

### 内容提示

洗衣服务是客房部对客的服务项目之一,北京某饭店洗衣房承接了一件镶嵌有各种饰物的女式夏装,看样子是无法洗涤整烫好了。该不该退回衣服呢?

### 案例正文

盛夏,北京某饭店,一批欧美影视明星入住。客衣组小琳跑上跑下,收集洗衣单,核对客衣数。面对一堆待洗的客衣,洗衣组老王一眼就看出,有一件女式夏装可能难以洗涤整烫。外行人看上去只不过是一件普通衣服,但灯光稍暗时,它的衣襟、下摆、袖口和双肩折褶处却闪闪发光,因为这些部位分别镶、嵌、包裹着金属丝、金属片、人工玉片等饰物,一经洗涤,或可能变形、变质，或因饰物表面发生化学反应，污迹外泄，影响衣服的外观和美感，也难于整烫。经研究，洗衣房主管亲自登门，向客人道歉，说明由于设备缘故，无法洗涤整烫，请她谅解。宾客当然不太高兴，但也知道就是自己洗，恐怕效果也不佳。此事引起了饭店上上下下的议论，这件客衣该不该收？以后碰到此类情况怎么办？在认真分析探讨的基础上，洗衣房采取了以下合理措施，以变应变，以防不测。

1.原来的规章制度仅对收衣的时间、验收、交接、送衣做了规定。现审时度势，酌情修改，收衣时，对面料不清、容易损坏、洗涤效果不佳、难以整烫的，或事先说明情况，或婉言拒收。引起争议者，由部门领导仲裁。

2.洗衣房加强调研，不断熟悉掌握新型纺织面料的特性和服饰工艺特点，并加强培训，不论技术工、辅助工、勤杂工都要参加，使其逐步掌握纺织、服饰知识，服务时做到知己知彼，百战不殆。

3.对于该收的衣物而拒收的，则给予拒收者必要的处罚。

### 评析

由于国内外纺织品和服装行业的迅速发展，新的面料、新的缝纫技术不断面世，给饭店的洗衣服务也带来了困难。例如，日本产品一次性纸质衣服，由于技术先进，外观几乎乱真，洗涤起来稍一疏忽，后患无穷。某些女士的晚礼服、上衣，饰物、挂片众多，有的皮衣是各种皮毛相间，质地不一，洗涤效果不同，洗涤时容易脱落，装配不易。因此，洗衣房在承接衣物时，一是要根据饭店所具有的洗衣设备和技术来判断，能收则收，不能收的则婉言拒收，以诚信服人，否则既影响饭店声誉，又损害顾客利益。当然，洗衣房应像本案例中的饭店洗衣房一样，加强对洗衣技术的钻研和设备的添置，力争满足顾客的各种洗衣需要。

### 思考题

1.为什么这件女式夏装不能收洗？

2.不收洗这件客衣，是否违背饭店满足客人需求的原则？为什么？

案例 17

## 燕子的道歉信

### 内容提示

日本一家高级饭店突然被一群春归的燕子污染了环境，服务员们全力以赴擦拭也无济于事。饭店只好请燕子给旅客"写"了一封致歉信。

## 案例正文

日本一家依山而建的高级饭店生意一向很好。可是,有一年春天,一个意想不到的局面突然出现了:一群春归的燕子来到这里,在房前檐下飞来飞去,还东一滩西一滩地留下许多粪便,严重地污染了这里的环境,即使是服务员们全力以赴地擦洗也无济于事。怎么办?如果旅客们怪罪,那肯定会严重影响旅店的声誉,也就是在这时,聪明的老板想了个绝招,连夜打印了许多封以燕子父母口气"写"的致歉信,并将这些信悄悄放在了一间间客房的写字台上,上面用燕子的语气"写"道:"尊敬的旅客,真对不起,我们是一群从南方归来的燕子,由于热爱这里美丽的景色,未经主人同意就住了下来。我们本想与你一起分享美妙春光的,不料我们的孩子太小,太不懂事,在房间里、走廊里随便撒污,弄脏了你身边的环境,真对不起!这些小不点儿们实在太淘气了,请您千万原谅,而且,请千万不要怪罪服务小姐,她们实在忙不过来了。敬礼!您忠实的新朋友——燕子。"果然,当人们看到这封短信时,不仅全然理解了旅店的苦衷,还格外爱上了这样一群淘气的小精灵。

## 评析

平心而论,这的确是一个极妙的设计,它抓住了人性的善良和对弱小的同情宽容,不仅帮旅店摆脱了窘迫,而且巧妙营造了一个童话般的美好境界,使旅客们顿感温暖,连连赞美旅店的诗情画意。

可见,对于经营者来说,陡然而生的风波并不可怕,可怕的是面对风波先乱了自己的阵脚。换言之,当经营者不幸碰到意外变故时,最重要的应该是冷静细心、从容应付,用巧妙的办法俘获顾客的心,——如此,险风恶浪将变成大显身手的绝好机会。自然,这种不同凡响的好身手,也将会给经营者带来美誉和知名度,帮助他走向新的成功!

## 思考题

本案例中饭店是怎样巧妙地摆脱了窘迫的?

案例 18

# 温馨的生日

## 内容提示

宾至如归是衡量一家饭店服务质量高低的重要标志。住在福州某宾馆的著名演员陈先生、住在广州某五星级酒店的李先生都恰逢生日，两家饭店向他们表示了生日的祝贺。

## 案例正文

### [案例A]

广州某五星级宾馆住进一位姓李的先生，入住的第三天恰好是李先生的生日，总台通知客房部祝贺。客房部进行了精心策划。客房部派了几位女服务员，晚上带着礼品前往祝贺。在房门前，一位服务员按响门铃，并用手掌遮住窥镜，李先生在房内正寂寞无聊，听到门铃声，来到门前通过窥镜向外张望，窥镜被挡，他什么也看不见。李先生疑惑地打开门，门外响起悦耳的歌声："祝您生日快乐……"同时看到几位端庄美丽的服务小姐面带天使般的微笑，一边唱歌，一边向他的身上撒下花雨般的彩纸。为首的服务员手捧鲜花和生日蛋糕向客人表示祝贺。进入房间，服务员随手关上电灯，随即点上生日蜡烛，在歌声中服务员与李先生一起吹灭蜡烛，随后服务员悄悄退出房间。当李先生再度打开电灯，房间内静悄悄，只有一束美丽的鲜花和精致的生日蛋糕摆在那里，鲜艳夺目，向客人表示真挚的祝福，李先生万分惊喜地沉浸在欢乐与幸福之中。第二天，李先生给饭店总经理打电话表示感谢，他说："谢谢总经理和所有员工对我的关怀！我在贵店过了一个温馨浪漫的生日！下次我还会再住贵店。"

### [案例B]

"自古天涯漂浮萍，出门最多是乡愁"，然而，倘若客居福州某宾馆，种种的家恋相思定然消除得无影无踪。因为，到了该宾馆，你就到了自己家，这里没有客人。

著名演员陈先生随中央电视台某电视系列剧剧组在福州拍外景，住进了某宾馆。那日，正逢正月元宵节，餐桌上陈先生说了句"今天是我生日"。饭罢他走出餐厅，门口服务员微笑致意："祝您生日快乐！"当他走到自己房间门口，为他开门的服务小姐柔声细语："祝您生日快乐！"推门而入，桌上一束鲜花、一只生日蛋糕，蛋糕上的生日蜡烛正在燃烧，烛光摇曳，好温馨的气氛。陈先生拿起电话，又是一句："生日快乐！"总机小姐的亲切问候在他耳边响起，他一阵激动，拉开房门，门把手上插着一张贺卡："祝您生日快乐！"

面对此情此景，陈先生流泪了。临别之际，陈先生留下了发自肺腑的赠言："生日鲜花虽已枯萎，然而其代表的温情仍在我心中开放，这一切刻骨铭心，使我终身难忘。"

### 评析

衡量一家饭店服务质量的高低是以顾客的满意度为标准的，顾客的满意度是反映饭店产品或服务满足客人明确的和隐含的需求的能力特性的总和。

所谓明确的需求是指饭店已对客人做出明确承诺并形成标准和规范、为满足客人需要而提供的产品或服务，所谓隐含的需求是指客人需要虽然没有在规范或标准中做出规定、但是却是客人实际存在的需要。祝贺客人生日，满足客人自尊心的需求，正是客人的一种隐含的需求，它会使身处异地的客人有一种宾至如归的舒适感受。

饭店为住店客人祝贺生日，是许多饭店都有的针对性服务。但广州某五星级饭店和福州某宾馆构思巧妙，处理高雅，给宾客的旅行生活增添了温馨的气息和浪漫的色彩，这种做法值得推广。

福州某宾馆从餐厅中得到陈先生生日的信息，短短时间，祝贺生日的所有环节丝丝相扣，效率之高，令人惊叹；安排之妙，令人感动，难怪让大腕明星陈先生热泪盈眶了。

### 思考题

1.衡量饭店服务质量的标准是什么？

2.何谓客人的明确需求和潜在需求？

3.饭店客人有哪些主要的潜在需求？

案例 19

## 接到客人报失以后……

### 内容提示

一位中国台湾老太太报失，称其 14 颗金戒指被盗，其中一枚钻石戒指价值万余元。她的一位自称在省级机关当干部的亲戚口气强硬，声称如果处理不好，还要向新闻媒体披露。

住在酒店的程先生和夫人晚餐回房后，发现放在房间的一个装有 2000 元的红纸包没有了，程先生一口咬定是服务员所为，并气愤地要求赔偿。

### 案例正文

［案例 A］



一天上午 9 点 30 分，保安部接到 9 层服务员报告：“918 房我国台湾来的老太太报失，称她从台湾带来的14颗金戒指被盗，其中最贵重的1颗钻石戒指价值达人民币1万多元。”接到报告后，客房部经理和保安部经理随即上楼登门拜访。了解案情过程得知：该女士是昨日下午到达福州，3点左右下榻该宾馆。除了吃晚饭离开房间1个小时左右外，其他时间均在房内。加上她是40多年来第一次回福州探亲，那天夜里络绎不绝地接待亲朋好友，最后一批访客送走时已是深夜1点多，继而即整理随带的行李物品，由于心情激动她彻夜未眠。她在回忆过程中说到，她是将14颗戒指用红布包着塞在一只鞋内，存放进行李包里。当天下午一位亲友来访，老太太从包内取过一颗戒指送给亲友，此后一直未动过此包。到今天上午8点30分，才发现鞋内那个红布包及戒指不见了。老太太心急如焚，于是就报失了。

她的一位自称在某省直机关当干部的亲戚用强硬的语气说：“要立即向公安机关报案，如处理不好，还要向新闻界曝光。”听语气，怀疑是宾馆服务员所为。两位经理一方面耐心听取客人的叙述，一方面做好失主的安慰和安定工作，请她们再认真回忆、仔细寻找，并一再提醒有没有存放在其他地方，没有采取马上向公安机关报案的简单方法。

经内部认真分析，没有向公安机关报案的理由有几点：①据现场观察，门窗完好，无作案现象；新住人客房内无人时间只有1小时，外来作案的可能性也非常小。②经查，当班服务人员一贯表现良好，服务人员作案的可能性也非常小。③可能有两点：A.老太太已有65岁，加上疲劳，有可能将存放地点记错了；B.因来访客人较多而复杂，许多还是第一次见面的亲友，也有可能是其中人员顺手牵羊。④如报公安机关立案侦查，若结果是客人亲友作案，会使她们亲友间矛盾加深，而影响到对宾馆不满。

所以，宾馆当时给客人的答复是：1.宾馆内部组织力量采取必要措施调查，同时请他们继续冷静回忆、寻找；2.待宾馆调查、分析后，12点前给予明确答复——报案与否。

结果，经过1小时左右，接到省直机关那位干部的报告说：“戒指全部找到”，原来老太太在整理行李时把礼品放入了旅行包。

## [案例B]

9月18日晚7时许，客房服务员向客房部经理称：517房客人投诉，在房间内丢失2000元人民币。接到报失后，客房部经理和客房服务员迅速赶到现场。据了解，客人程某是湖北省鄂州市某公司职员，当天下午同妻子入住酒店，晚餐前外出时从密码箱中取出一装有2000元的红纸包藏在沙发坐垫与靠背间的夹缝中，晚餐后回来，发现房间有人动过，急忙去看红纸包已没有了。程某一口咬定是服务员所为，并气愤地说：你们服务员可真厉害呀!

听完客人叙述,客房部经理一面安慰客人不要着急,一面表示积极调查此事。据楼层服务员反映,晚饭后她按工作程序到517房给客人开夜床,其他时间没有人进过此房。客房服务员反映,客人晚饭后在大堂,因吸烟不慎将烟灰缸打碎,服务员按规定让其作了赔偿,程很不情愿,回房几分钟就打电话称被盗。

根据上述情况,客房部经理作了以下分析:没有他人进入房间,首先可以排除外来人员作案;服务员进房间是为做夜床,要行窃目标绝对不可能那么准;知情人中只有程某夫妇,但二人出入都在一起,从未分开,任何一人都没有作案的条件和动机。另外,客房部经理又想:程某既然觉得房间内不安全,为什么不把密码箱放在总台免费保管而藏在床下;2000元为什么不放在密码箱内,而专门取出藏在沙发坐垫与靠背间的夹缝中,是不是刚赔了烟灰缸而故意给酒店找麻烦。要搞清这些问题,关键是确认客人是否真丢了钱。客房部经理征得客人同意,对其夫妇分别进行询问,重点是搞清纸包的特征和放进沙发夹缝的前后过程。询问结果,夫妇二人所述情况基本一致,看来客人确实丢了钱。

为了维护酒店声誉,确保客人财产安全不受损失,必须尽快查清钱的去向。客房部经理仔细分析问题的症结所在。突然,程某夫妇在叙述中所讲的一个细节引起了他的注意:程某将红包塞进沙发的夹缝中后,发现还露一点,经其妻提示,他又往下塞了塞,之后程又坐在沙发上压了几下,直到看不见为止。客房部经理想,问题可能就出在这里,便叫来服务员,当着客人的面把沙发翻倒,果断地撕开沙发底座上的装饰布,一个红包露了出来。

客人双手接过"失"而复得的2000元,感到非常惭愧。再三表示:错怪了服务员,错怪了酒店,今后再来这里一定还住该酒店。

## 评析

宾馆客人的财物被盗后,客人或酒店直接通知公安局有关部门,这叫"报案";客人未向公安局报案,而向本宾馆反映丢失情况,属于"报失"。报案会对宾馆形象造成不利的影响,也会涉及宾馆客人的亲戚朋友,使他们之间产生矛盾,反过来又会导致对宾馆的不满。无论是报失或报案,宾馆的管理人员和服务人员都应协助客人(或公安局)调查失窃原因,积极采取措施,及时了解和反映有关情况,尽快解决客人(或公安局)提出的问题,圆满地做好各项工作。

本案例是饭店客人在房间内丢失财物,这是一种既常见又最容易影响饭店声誉的事情,因为任何一位客人如果在客房里丢失财物都必然将责任归结为饭店管理不善,而不会检查自身的原因。因此,饭店必须对此有一整套严格的制度,以防止这类事情的发生,或将承担的责任减至最低程度。

客房部人员在接到客人财物报失后,应沉着、冷静,立即同保安部人员按以下程序处理:

1.查清事情经过及损失程度,取得以下主要资料:

(1)客人的个人基本情况(案例A的事主是一位65岁的老太太,可能记忆力较差);

(2)失物的外观及辨认特征;

(3)在此时间内,事主是否在房间接待过一些朋友或访客;

(4)事主是否怀疑何人及理由;

(5)失物的价值及是否购买保险。

2.请客人自己再仔细回忆和查找一次。(报失物件可能会被找出,因为客人往往会忘记放在什么地方,本案例正是如此)

3.如果还没有查到,征得客人同意,帮助客人再作一次详细查找,但客人必须在现场。

4.对有关饭店员工进行调查。

某宾馆和某酒店正是循着这样的程序和思路做出不报案的决定,并圆满地解决了客人财物报失的事件。

### 思考题

1.报失与报案有何区别?

2.处理客人报失和报案的基本步骤与方法是什么?

案例20

# 一桩棘手的投诉案

### 内容提示

防火、防盗、防止自然事故是饭店安全的重要内容。一位客人在卫生间浴帘杆上晒衬衣时,被碰落的吸顶灯灯罩划伤,向饭店提出了赔偿投诉。

### 案例正文

某饭店的820房住一位内宾,他将换下的衣服洗好,准备晒在卫生间的浴帘杆上(因这房间的衣架被前一位客人带走,饭店尚未及时配上)。在晒衬衣时,由于用力大了点,衬衣的袖子碰到卫生间顶上的吸顶灯灯罩,灯罩掉下来,打在该客人的脸上,划了一道口子,缝了5针。事后,客人投诉,提出赔偿:①医药费(包括在当地和3天后回去的治疗费);②精神补偿费;③整容费,由于脸上有伤疤,现在才30岁需要整容;④营养费等。客人提出赔偿的理由是:①房间里设施不齐全,没有衣架,洗好的衣服没处晒,从而造成这次事故;②吸顶灯罩不牢固,轻轻一碰,就破了,说明饭店设备有问题。

饭店的答复是:①饭店承认房间衣架未及时配上是工作上的失误,但没有衣架,并不会直接造成这次事故,因饭店有洗衣设备,客人完全可以交饭店洗涤(客人也知道饭店有这项服务)。即使房内无衣架而客人要晒衣,也可以向楼面服务员提出,所以这次事故是完全可以避免的。②吸顶灯罩是绝对牢固的。从现场证明这种灯罩是安装牢固的,只是由于外力的作用才破碎的,所以这次事故完全是客人自己人为造成的。

最后,饭店向客人赔偿了在当地的医疗费。客人表示回去后将用法律形式继续交涉。

## 评析

在饭店的安全工作中,防止自然事故的发生是不可忽视的一项重要内容。饭店客房自然事故发生的原因是多方面的,有些是属于设备维修和更新不及时,有些则是饭店没有安全防范措施和违反操作程序,也有的是由于顾客的疏忽。因此自然事故造成宾客致伤后,客房部管理人员首先应根据宾客伤势轻重,或由饭店医务室治疗,或送医院治疗;其次查明致伤原因,给予实事求是的处理。该饭店处理的方法是正确的。房间衣架未及时配上虽然不是造成客人脸部划伤的直接原因,但也有部分责任,因此饭店应该赔偿客人住店期间的医药费。由于事故主要是客人人为造成的,所以饭店可不赔偿客人提出的其他费用。在整个处理过程中,饭店还应做好以下安抚工作:

1.向客人表示歉意,并征求客人意见,是否需要进一步治疗。

2.客人住店期间,服务员应给予热情的服务,满足客人的要求。

3.公关部经理和客房部经理应给予特别关照,看望致伤的客人。

这样,客人虽然皮肉受了伤,但事后在生理和心理上都得到了安慰和补偿,事态就不容易激化。

最后,宾馆应以此作为培训案例,教育培训职工,采取相应措施,防止此类自然事故再次发生。

## 思考题



1.什么叫自然事故?

2. 怎样防止自然事故的发生?

案例 21

# 有人在大堂里吐痰

## 内容提示

饭店是一个缩小了的社会,接待着形形色色的客人,其中也会有低素质的客人。有的饭店员工认为这样低素质的顾客不配做"皇帝",在接待时,甚至流露出厌烦、鄙夷的神情;也有的员工在接待时缺乏应变的技巧,大伤顾客的自尊,从而激化矛盾,造成顾客投诉。某宾馆坚持"以顾客为中心",在"改造"低素质客人上取得成功。

## 案例正文

浙江省某市的某宾馆初建不久时,国内客人占了很大比例,其中不乏一些文化素质较差、文明程度较低的客人,宾馆的卫生工作很不容易搞好。

客房服务员经常反映地毯上有痰迹,有呕吐物,还有烟灰,甚至有烟蒂烧穿的洞孔;墙上则乱涂"×××到此一游"的字迹,间或还有下流肮脏的话语。客人外出后,房间里往往一片狼藉,十分肮脏。服务员的工作量可想而知。

最令宾馆员工头痛的是大堂等公共区域,连锃亮的大理石地板上都有客人吐上的大口浓痰,而烟蒂、废纸等杂物更是随地乱扔,负责打扫公共区域的员工必须眼观六路、耳听八方才能及时清除,真是难为了他们。

客房部曾经想过许多办法,但都收效不大。贴上标志、插块牌子也都没用,不讲文明的客人对此视而不见,决不因此而改变他们的习惯;而且,他们明白自己在宾馆里的"皇帝"地位,更是我行我素,旁若无人。客房部曾经理苦思良久,终于想到一个妙法,决定以诚感人。

某天,3 位本省来的乡镇企业销售人员走进大堂,只听得其中一位"噗"的一声,一口浓痰吐到刚擦净的地板上。说时迟,那时快,一名中年服务员及时赶到用拖把擦去,同来的客人看在眼里,记在心中。在接下来办住店手续的 10 分钟时间里,那位中年服务员提着拖把始终站在离他们不近不远的地方,两眼流露出高度警戒的目光。正在此时,背后又有"噗"的一声,中年服务员旋即转身去擦。忽然又见到他大步朝右边走去,蹲到大堂一角沙发旁,用纸片拼命擦地面。一位乡镇企业销售人员走去一看,却是一口已干的痰迹,由于位置隐蔽,没有被及时发现。

3位客人办完手续乘上电梯,电梯里贴着一张“请勿抽烟”的招贴画,可是他们谁都没有掐去手中正在燃烧的纸烟,照抽不误。就在这个当儿,旁边一位身穿宾馆员工服装的中年服务员悄然无声地伸过一个烟灰缸,在电梯运行的这段时间里,他始终托着烟灰缸,直到3位客人走出电梯。

他们在房里略事休息一会儿,再乘电梯下一楼,此时,3位客人手里不再拿香烟了。

### 评析

有些素质较差的客人给涉外酒店的环境带来不良影响,给酒店的管理与服务也带来诸多麻烦。如何维护好酒店形象,同时又服务好客人,成了酒店的重要研究课题。

浙江某宾馆客房部经理具有很强的敬业精神,他积极思考,采取跟踪服务的办法,令人颇受启发。

1.让每一个客人(包括不文明客人在内)切身感受到该宾馆是把自己真的当“皇帝”看待。“错”在客人,宾馆却还把“对”留给对方,任劳任怨,克己为客,在这样的宾馆里住下来,还怕服务不周到吗?

2.宾馆用诚心诚意感动不讲究卫生的客人。

3.宾馆的诚挚之情不仅能感动客人,而且有助于他们形成良好的卫生习惯,因此也有助于提高城市的文明程度,这是酒店超常规服务所产生的附加社会效益。该宾馆即因此成为当地精神文明的窗口,有口皆碑。

### 思考题

1.怎样理解“以顾客为中心”?

2.质量管理也涉及对顾客的管理,你的观点是什么?

案例22

## 公寓服务的适度与过度

### 内容提示

公寓楼的服务与管理有它的特殊性,服务员与公寓住客的关系一般都比较融洽。住在2602房的客人叶赛娅和服务员玲玲平时接触较多,现在又打电话叫玲玲去她那里帮忙。

## 案例正文

北京某宾馆是星级化公寓的典范,以提倡感情服务、家庭式服务享誉京城,但在服务的"度"上却常常令管理层伤透脑筋。

一天,2号楼值台服务员玲玲又接到2602房主妇叶赛娅的电话。

"哈罗,玲玲小姐,我的棒针毛衣的线断了,你能帮忙修修吗?"

"不行啊,太太!我正在值班,有一大堆活要干。"

"嗨!我们是老朋友了,我这件毛衣不也是你帮我织的吗?又漂亮、又大方,坏了个洞真可惜!你就过来一会儿,我这儿有针、有毛线,一会儿就完,不会耽误你的工作。"

玲玲想到叶赛娅给她的巴基斯坦礼物——一小块挂毯,挂在家中引得邻居们直羡慕……她不由自主地想:不就一会儿吗?再说,帮叶赛娅忙也是为客服务,与宾馆的规章制度并不矛盾。于是,她走向2602房……

正巧这一天是宾馆服务质量大检查,总经理决定以2号楼3层至7层为重点。主管老邹打电话找玲玲,想事先提醒一下,可玲玲偏偏不在……到哪儿去了呢?老邹直奔值台而来,见到的却是空空如也,服务员去向不明。此时,宾馆各部门经理、主管已拾级而上,来到6楼。见此情景,总经理十分恼火,责令老邹立即查明原因,严加处罚。

老邹沿着走廊寻找,听到2602房内的嬉笑逗闹声。

玲玲的声音:"你可真笨,按左三右四运针就行。"

叶赛娅:"哈哈!这针在我手上就不灵了,不听使唤呀……"

老邹马上轻轻敲门,要求玲玲立即回岗。

下班后,部门召开全体会议,讨论玲玲擅自离岗一事,并做出处罚决定,上报宾馆领导。次日,在宾馆的晨会上,总经理要求各部门全面讨论分析什么是服务的"度",并准备修改《员工守则》、《岗位责任制》,从制度上加以规范。

员工们议论纷纷。

有的说:"我们宾馆尽是长住客,双方混熟了,客人常求我们干些零活,代为买菜、购物、看小孩……很难拒绝。"

有的说:"长住客挺烦人的,干也不好,不干也不好。"

在充分讨论的基础上,宾馆决定:

1.原则上不允许上班期间帮客人干私活,特殊情况请示后另行决定,否则以过失、违章处理。

2.扩大服务项目,设立托儿所、修理组等。

3.每周增设购物班车,方便客人去市中心购物。

## 评析

公寓的服务项目、范围、深度要超过星级饭店，因为客人往往全家吃住在公寓，视公寓为家园，还有人在公寓办公，需要的服务随意性较大。可根据客人的需求情况增加服务项目。如有一定量的幼儿，应设立托儿所；有一定量的中小学生，应安排上下学班车。还可根据租户的需求量，考虑是否设立美容、健身、娱乐项目服务等。这里的“量”就是“度”，否则经济上不合算，管理上也有困难。另一方面，宾馆应鼓励员工在不违背以下原则的情况下，灵活地处理对客服务中出现的即时性问题，以满足客人的即时性需求：

1.上班期间原则上不允许帮客人干私活，特殊情况须请示上级(饭店应尽可能地放权给下属)。

2.对有益于延伸常规服务的项目(如：捎带物品、特殊家具的修理等)及有利于加深双方感情并为宾馆增光添彩的项目，在不影响本职工作的情况下，员工有权灵活处理，事后向上级汇报；但如果影响本职工作，应向上级请求支持。上级应尽可能地给予支持与协调。

3.应遵循政府的有关规定和员工纪律守则。

4.在宾馆范围内不宜干具有雇佣性质的私活，因其可能影响正常的工作秩序和员工心态。

## 思考题

怎样才能掌握好服务中的“度”？

案例 23

# 对主管的处分

## 内容提示

饭店客房部领班小李的个人素质和能力都较低，几年后却被提拔为客房部的主管。饭店的运转自从引进了标准化的表格管理制度后，逐渐暴露了客房部管理上存在的问题。

## 案例正文

这是一家正式开业已近10年的老牌三星级酒店。酒店盛总经理多次到境外考察国外一流酒店，搬回了许多洋经验。他结合本店的市场环境、客源结构和员工特点等具体情况，把洋经验融合到本店的经营管理中去，使酒店在全市同行业中一直居于龙头地位。

盛总从国外带来的诸多经验中最显成效的当推各种管理表格。酒店内人员大多从原来的国营招待所调来，开业初他们不熟悉涉外酒店的管理模式，随着一批批外国宾客的下榻，许多原先料想不到的问题一个接一个地出现。酒店最高领导逐渐意识到管理与国际水平接轨的紧迫性。

大量表格的运用使原先无序的管理慢慢走上科学管理的规范化轨道。酒店刚开业不久，客房部有个素质挺不错的服务员，由于批评领班小李检查工作随心所欲，没有质量标准，凭情绪或个人好恶妄加评论而遭到报复，一气之下离开酒店。这个小伙子走时给盛总留了一封信，在信的末尾他写道："我爱我们的酒店，我衷心希望她能迅速赶上北京、上海等大城市同星级酒店的管理水平，但我只是名普通员工，我无力做到这一点。我想酒店的领导一定能做到。"

这封信对盛总的触动很大，正是受到了这样的鞭策，他才带领酒店几名主要骨干走南闯北，虚心向国内同行请教，并走出国门，学习国际酒店先进的管理方法。

自从大量标准化、制度化管理的表格被引进到酒店用于日常管理工作之中以后，酒店的面貌改观较快，特别是无序管理、无度考核的现象很快被程序化、制度化、科学化的规范管理所取代。

几年后，小李已经升为主管，但她的管理理念却没有及时更新，因此在日常工作中仍不时暴露出违背科学管理的作风和习惯。

某天下午，客房部华经理按制度抽查房间，先来到3楼的一间套房，进门便看到电话线呈卷曲状。他抽出那张该由主管在中午抽查后填写的表格，一看上有"一切正常"的结论，还有小李的亲笔签字。在同一间套房里还发现窗帘掉了一个帘扣。华经理神色严肃地走到5楼朝南的一个标准房，那也是主管今天抽查的8个房间中的一个。这儿的问题更大：茶几上的火柴盒正面朝下；桌上的《服务指南》没有合上；一张床没有摆正，一边歪了2公分左右；最严重的是少放了一条浴巾。而抽查表上又赫然写着"一切正常"，也有小李主管的签名。

华经理一气之下，把那8个房间都检查了一遍，结果每个房里都发现了一些质量问题。

班后，华经理召集紧急部门会议，通报了客房检查情况，并做出决定：对该主管扣罚当月奖金，口头严重警告，责令其认真做书面检查，并在店内通报，一个月内如再犯同类错误，将撤销其主管职务。

## 评析

饭店的管理主要是通过各种制度与规范将各项工作科学地组织起来，有秩序、高效率地搞好对客服务，完成预定的目标。因此饭店在日常工作中要及时掌握情况，制定、检查和调整各种计划和管理措施，所有这些都离不开表格管理。严密的管理体系的作用就在于它能使各部门、各工种以及管理人员之间的工作无声而准确地协调和运转。管理人员和服务人员的每一项工作都必须填制必要的表格，并通过表格管理系统督促各个部门及所有人员按服务标准和服务程序办事，检验其管理水平和服务质量。本案例中的客房部管理中存在诸多问题，正是通过引进表格管理系统而逐渐暴露出来的。

从本例可以看到，在过去几年里，该酒店的管理工作至少存在两方面较为严重的问题：

1.该领班经过几年后已提升为主管，而她的管理理念和作风没有及时跟上，显然这是论资排辈的产物，有悖于现代人才资源开发的原则。

2.该酒店虽然逐渐引进了一些规范管理所必需的表格，但没有及时向各级员工灌输相应的理念和思想，致使连主管都不清楚“质量是酒店一切工作的生命线”这个最基本的道理。另外，这位新主管敷衍塞责，随便签名，不仅说明她不具备管理人员的基本素质，而且说明客房部的管理本身也存在许多问题。客房部的清洁卫生质量差，光处罚新主管是不够的，因为根子应在客房部经理身上（如果华经理是新到的除外），否则，这位新主管是怎样提升上来的？客房清洁卫生质量差，肯定不是突然出现的问题，而客房部在以往的几年中却一直没有察觉。

然而，这家酒店毕竟在进步，全面推广表格管理即是一个例证，他们在实践中逐渐强化表格管理的作用，表现出要与国际先进管理模式接轨的决心。

众所周知，尽管我国大多数酒店都已有了不少规章制度，但在质量检查方面仍存在诸多问题，随心所欲、标准不一的情况时有所闻，而采用表格管理，有助于各部门、各岗位尽可能地明确操作规范与质量标准，有助于消除各级员工的惰性和侥幸心理，有助于稳定酒店的服务质量。这些作用已为广大酒店业管理人员的实践所证实。

## 思考题

为什么主管应受到处分？你认为客房部经理有责任吗？

案例 24

# 工程协调会

## 内容提示

沟通是人们最重要、最普通的行为之一，没有沟通就没有有效的管理与服务。饭店部门之间协调与否，关系到饭店运行与管理能否正常进行。工程部与客房部、餐饮部之间常常会因设施设备的使用和维修保养问题产生矛盾。

## 案例正文

傍晚，江苏某大饭店。

住在 518 房的福建客人告诉楼层值班服务员小汪，沐浴装置的水量控制器不太灵活，水量不是太大便是太小，希望马上派人修理。小汪立刻与工程部联系，工程部接电话的是刚来大饭店才 4 天的小阙。

“这不可能，昨天我部的金师傅刚修好 518 房的沐浴设备，如果仍有问题请他来解决。”小阙把责任推给比他年长 10 岁的金师傅。

小汪只得把情况反映给客房部主管。小阙最后还是来了，但心里不太高兴，脸上没有笑容。

此事传到总经理室。徐总近些日子也听到过客房部与餐饮部埋怨设备保养和维修方面的问题，他还找过工程部姚经理谈话。姚经理向徐总反映客房部和餐饮部个别员工在设备使用上操作不当，有些设备刚修好没几天就又来报修。工程部人手紧，有时安排不过来，另外，零件调换频繁造成工程维修成本急剧增加。

徐总获知这些情况后，请裴副总负责协调客房、餐饮和工程三个部门之间的关系。

7 月下旬，三个部门经理在总经理办公室里，由裴副总主持协调会。裴副总用短短几句话点明会议目的后，客房部和餐饮部经理开诚布公地谈了本部门使用设备的实际状况，以及需要工程部给予解决的若干问题。由于两位经理态度诚恳，原先部门之间存在的误会和芥蒂很快便消除了一大半，会议的气氛顿时缓和下来。随后工程部姚经理发言，首先代表工程部全体员工表态：工程部的工作宗旨就是一切为前台、一切为客人，为前台解决设备方面的问题是工程部义不容辞的责任，我们一定尽最大努力解决前台的后顾之忧。这番话博得了裴副总和两个部门经理的一致好评。在充满理解、携手合作的良好气氛中,姚经理又以极其诚恳的口气指出,某些设备故障为使用不当所造成,希望两位经理予以重视,对本部门员工加强必要的培训。

这个协调会开得很成功,三位经理互相握手,表示了密切合作的愿望。会后,裴副总趁热打铁,协助三个部门制定了一系列措施。工程部将洗衣房、厅堂、楼层客房、厨房、餐厅的设备使用情况采用表格形式一一罗列出来,并提出了若干条技术操作性较强的建议;对于一些进口配件一时无法解决的马上与供应商联系,以求早日解决。客房和餐饮两个部门召开了员工会议,强调正确使用设备的意义,请有经验的老员工介绍体会。从此,该大饭店的工程维修保养又进入了良性循环状态。

## 评析

在现代饭店业,所有工作完成都要依赖于沟通,沟通能把各个部门的员工组织和团结起来,是增强企业凝聚力、提供优质服务的基础。优质服务是饭店员工为满足客人的需要与顾客面对面接触的活动和饭店内部活动所产生的结果。客人是个广义的概念,它不仅包括前来饭店消费的客人,也包括饭店内部得到二线部门人员支持和帮助的一线部门的员工。一线部门包括:前厅部、客房部、餐饮部、娱乐中心等与客人直接接触的部门;与之相对应的二线部门包括:工程部、采供部、财务部等。客房部、餐饮部就是工程部的“客人”。客房部、餐饮部为客人提供优质服务,需要工程部等二线部门及时提供优质的维修保养服务。二线部门员工树立“下道工序是客人”、为一线部门服务的观念,是为客人提供优质服务的保障。

根据国际饭店业统计,一位饭店的经理要将75%的时间花在沟通上。有效的沟通应能较好地化解矛盾,使矛盾双方相互承认、相互理解、产生行动,既分工又协作,为完成任务而共同努力。饭店应就各部门不同的工作职责和协调关系制定必要的程序和规范。就客房部与工程部的协调而言,一是工程部应将客房部的维修保养问题列为紧急维修项目,在接到客房部的报修单后,10分钟内赶到现场及时加以解决,以满足客人的需要。二是规定沟通的渠道和方式,包括两层内容:一是上下级之间纵向的指令下达和信息传递;二是部门之间横向的协调和沟通。本例中饭店的工程协调会议兼有这两方面的内容。

首先,通过客房、餐饮和工程三部门经理向总经理反映工程部设备使用与维修保养方面的问题,这是一种纵向的工作规范,各部门经理有责任向总经理如实反映情况。总经理采用协调会的形式解决部门间的矛盾,这是一种已被实践证明了的行之有效的办法。在一家涉外饭店里，任何部门或个人都不可能不借助别人或其他部门而单独完成对客服务的工作。饭店各级领导应责无旁贷地做好下一级个人或部门之间的协调工作。

其次，沟通是双向的沟通，沟通的原则是"双赢"。为了饭店的共同目标，各个部门或个人都要有主动沟通的愿望和行动，打破心理障碍。二线部门要热情地为一线部门服务，同时一线部门要理解和尊重二线部门的劳动；各个部门都应让员工熟悉对方的业务，这样才能达到沟通的目的。例如，客房部对本部门的服务员应加强培训，使之具备一些最基本的有关设备使用和维修保养方面的知识和技能，以便出现问题能及时得到解决；同时也可避免出现客房设备使用不当，或连换灯泡这样的小问题也要工程部派人之类费时、费工的现象。该大饭店出现的工程维修成本急剧增加的情况正是如此。另一方面，工程部人员也应具备一定的客房服务方面的知识，如怎样敲门通报，与客人接触时的礼节、礼貌要求等。部门之间只有相互沟通、协调配合，才能使客人得到及时、满意的服务，也才能使饭店经营与管理更加有效。

### 思考题

1.搞好部门之间的协调有何意义？

2.怎样才能做好客房部与工程部的协调工作？

案例 25

## 铁钉伤客客不究

### 内容提示

住某市某宾馆的某厂销售部朱经理在房间梳妆时，被梳妆凳上一个被海绵覆盖的钉子刺伤了臀部，眼看一场投诉就要发生了。

### 案例正文

一天下午，某宾馆大堂内，有一支团队在办理离店手续，大堂副理和行李员、总台服务员一个个忙得不亦乐乎。正在此时，住 204 房的上海某厂销售部朱经理焦急地来到大堂。

"我被你们的铁钉刺伤了。"她的手捂着臀部，眼里流露出极度不安的神色。大堂副理见状便先搀扶她到沙发上坐下，并让服务员迅速送来热茶、热毛巾，然后请她把经过情况细细道来。

事情是这样的：这天午餐后，朱经理回到房间在床上打了个盹，下午3点打算到南京市郊的一家工厂去联系业务，所以起身后稍经梳洗便坐到镜台前整理拎包，岂料刚坐下，臀部便被凳上一个突出的钉子刺伤了。她用手摸了一下凳子，发现海绵层中有一尖钉突出在外。

大堂副理听到这儿，立即给医务室打电话，由于宾馆里不能注射破伤风针，所以他请大夫马上陪朱经理到附近医院去打针，同时又迅速调来总经理专用车。

大夫与客人乘上汽车后，大堂副理即与客房部经理到204房查看凳子。果然有一个铁钉，上面有一层海绵覆盖着。客房部经理立即让服务员换了凳子，并责成服务员将房内所有用品做一次全面检查。

朱经理在大夫陪同下很快回到宾馆，大堂副理立即带上大束鲜花登门拜访。

"由于我们工作上的疏忽，使您蒙受伤痛，我代表总经理向您致以深切歉意。"他诚恳地说道，"您有什么要求尽可以告诉我，我们一定尽力而为。"

大堂副理话音未落，服务员端上一大盘时鲜水果，果香四溢，煞是诱人。

朱经理虽受到一些皮肉之苦，注射过破伤风针后已无后顾之忧，又目睹宾馆如此诚意，便当即表示充分理解，并说，宾馆服务一贯良好，被钉子刺伤虽不太高兴，但这毕竟是意外的事情。

## 评析

由于坐凳海绵层下一个铁钉突出致使客人刺伤，宾馆确实应该承担责任。这类事情导致客人投诉，为数不少。然而，在该宾馆，由于大堂副理处理妥善、及时，化解了一次潜在的投诉。

本例给饭店从业人员带来的教训是：必须一丝不苟地检查所有设施和用品，尤其是电气设备，绝不能有半点马虎；对于有铁钉、尖角的用品也要倍加小心，尽最大努力消除一切隐患。该宾馆通过这件事情责成有关部门在全店上下进行一次彻底检查，真正起到了变坏事为好事的积极作用。

本例同时又告诉我们，万一发生事故，店方必须不遗余力地妥善解决，首先，要认真听取客人的意见；其次要用实际行动来表示诚意，在自己的职权范围内果断地处理问题。该宾馆的大堂副理采取的第一个措施是让大夫陪同客人去医院打针，而不是去房间调查真相，使事情的圆满解决有了基础；同时，让客人乘坐总经理专用汽车去医院，给了客人以足够的面子；客人从医院回来后，大堂副理又登门拜访，代表总经理向她致歉、慰问，又是鲜花，又是水果，从而缩短了双方感情上的距离，使客人从根本上消除了投诉的念头。

### 思考题

本案例中，大堂副理是怎样巧妙地化解了客人投诉的？

案例 26

## 有了家贼

### 内容提示

某高星级宾馆一外商驻沪办事处的客房内发生了一起特大盗窃案，由此破获了盗窃价值几十万元财物的大案，整个案件令人震惊。

### 案例正文

2004年7月18日，骄阳似火，正值上海高温季节。一家高星级宾馆依靠其优越的地理位置和一流的硬件设施，吸引着南来北往的客人。来沪从事商务活动的许多国内外客商下榻此店，其中还有不少是常住的外商驻沪机构的客人。这天，宾馆像往常一样，迎接来来往往的客人。突然，匆匆走来几位身着制服的公安人员，他们那身警服和大盖帽在大堂里显得格外引人注目，他们匆匆的神色和快速的脚步与大堂内悠扬的背景音乐和宁静的气氛形成鲜明的对比。只见他们直奔楼上某外商驻沪办事处的客房内。

原来，这里发生了一起特大盗窃案，客房内的手提电脑、传真机、手机、现金等大量财物遭窃，区刑警队接到报案，迅速派人赶到现场展开侦查。

经过一番仔细调查，很快排除了外来人员和客人作案的可能性，疑点集中到宾馆客房部服务员吴某身上。经验丰富的公安人员巧妙地与吴某周旋，终于攻破其心理防线。吴某如实交代如下：

"我在担任宾馆客房服务员期间，发现店内安全管理措施不严，有机可乘，于是就常常利用工作之便，在客房内偷窃客人的物品，一次次得手，从未被发现，胆子也就越来越大了，直到这次案发。"

事后，警方在吴某家中搜到大批赃物，足足运了好几车，令人瞠目。其中有电脑、照相机、金首饰、信用卡等，还有用盗得的信用卡购买的空调、彩电、音响、复印机、摄像机、手表等大量高档生活和办公用品。

这起特大盗窃案从报案到侦破只用了数天的时间。作案者多次行窃，持续时间长达一年之久，盗窃的财物价值几十万元，给宾馆造成的损失无法挽回。作案者身为宾馆服务员，却从未被宾馆领导察觉，的确发人深省。

## 评析

宾馆是客人的"家外之家",在"家"中,最重要的是要有安全感。首先,宾馆应该为客人营造一种安全的氛围,把安全管理置于重要的地位,制定高效的安全管理规范和措施,以确保客人能拥有一个放心的"家"。这家宾馆一年多中曾多次接到有关失窃的投诉和报案,但由于种种原因,有些没有及时处理,有些不了了之,这种不重视安全管理的做法既危害了客人的利益,又严重影响了宾馆的声誉。

其次,宾馆必须制定一套严格、健全的安全管理措施,以防患于未然。如果这家宾馆的安全管理措施严密,吴某便无机可乘,难以窃得如此多的财物。他正是钻了宾馆安全管理不严的漏洞,才使客人和宾馆蒙受了重大损失。这家宾馆上至老总、下至各级领导者都应深刻吸取这一教训。

第三,加强宾馆的内部管理、提高员工素质是防"家贼"的重要环节。对宾馆从业人员应经常进行培训和教育,使其既具有较高的专业技能,又具备良好的职业道德。

## 思考题

1.客房服务员有哪些基本素质的要求?

2.饭店对"家贼"的预防有哪些基本思路?

案例 27

# 对红色女士包的承诺

## 内容提示

某总公司的程小姐在房间丢失了一只她最喜爱的红色真皮包。当天值班的某经理对程小姐许下保证在24小时内给予满意答复的承诺。可是,24小时过去了,承诺却未见兑现,程小姐一气之下把所有与该饭店有关的业务关系全部取消,由此,饭店损失不小。

## 案例正文

某总公司是北京某饭店的长住客户,与饭店有多项业务往来,关系一直很融洽。一次,该总公司的程小姐入住饭店。她在西单购物中心买了一只真皮红色女士包,程小姐十分喜爱。有一天,她突然发现自己心爱的红色女士包在房间找不到了,包内钱不多,但程小姐非常喜爱这只红色小包,因此,心里十分不痛快,便找到大堂副理投诉此事。当天,值班的某经理对程小姐许下承诺:“小姐,请放心,24小时后给您一个满意的答复。”可是,当天值班经理又处理了几件事,就把此事忘记了,既没调查此事,也没有采取行动寻找红色女士包,更忘记了与接班经理交代,这样接班的值班经理当然不会知道红色女士包之事。24小时过去了,程小姐抱着莫大希望来到大堂副理处查询此事,换了班的经理不知此事,更谈不到给程小姐一个满意的答复。程小姐见此情景十分生气地问道:“你们为什么承诺24小时给我满意的答复又不兑现?你们这是欺骗顾客!”一气之下,立即结账离店,把所有与该店有关的业务关系全部取消,给该店造成一笔损失。

销售部石经理看到由一只小小的女士包引起这么大的风波,使饭店失去一个大客户,决心要追查到底,一定要给程小姐一个交代。于是与客房部经理一起带领服务员查遍程小姐到过的部门,没有任何线索,然后又到程小姐住的房间仔细查找每个角落,他们把家具都搬开彻底查找。当销售部经理与客房部经理搬开床时,惊喜地发现那只红色皮包伏在床下的地毯上,大家一声欢呼,销售部经理奔过去情不自禁地喊道:“程小姐,红皮包找到了!”大家悬着的心才放下。

石经理亲自带上那只千辛万苦寻找到的红色女士包和饭店赠送的礼品专程赶到某总公司,找到程小姐,诚恳道歉,对大堂副理不履行承诺一事作了自我批评,并归还了红皮包。

程小姐捧着失而复得的心爱的红皮包,看着风尘仆仆的石经理,十分感激,连声道谢,当即表示:“我们还是好朋友,我们公司哪儿也不住,就住你们饭店。”就这样,饭店的真诚感动了顾客,某总公司和该饭店的业务关系一直保持到现在。

## 评析

1.程小姐在饭店内丢了红色皮包,皮包虽不十分贵重,但却是心爱之物。程小姐为红色女士包丢失而产生焦急沮丧的心情,店方不但应予以理解,而且还应设法为她找到失物,这是店方的责任。

2.此饭店的第一位大堂副理在处理此事过程中缺乏起码的诚意,缺乏客人意识,对本店常住大客户的重视程度差,缺乏公关意识,这是第一错;大堂副理认为只是一只小红包事不大而予以轻视,没有协同客房部及时调查寻找,这是第二错;本班来不及处理客人投诉,没有交至下一班值班经理,使客人投诉没有得到答复与解决,这是第三错;大堂副理代表总经理处理客人投诉,一诺千金,轻易许诺又不采取行动兑现,使客人感到受到欺骗而导致饭店失去房客,这是第四错。因此,这位大堂副理理应撤职。

3.红色皮包丢失了24小时以上,客房部却无人发现,反映出该饭店客房的清洁整理工作存在问题,服务员清扫该房间时没有对床下的地毯吸尘;领班查房时,也没有检查床下地毯的清洁状态,否则,程小姐的皮包是应该被发现的。

4.饭店销售部经理经营观念与客人意识都十分强烈,他心痛饭店业务的丧失,又急客人之所急,是位称职的经理。销售部经理在处理此事过程中冷静、镇定,具有应变能力,客观分析情况,按线索细细查找,一举找到了红色女士包。这正是销售部经理良好的素质,强烈的事业心和丰富经验的反映。

5.找到红皮包后,销售部经理专程送到程小姐手中,这是十分妥当的做法,充分表达了饭店对客人的真诚歉意,也充分体现了店方对客人衷心的欢迎,使客人大受感动,从而谅解了饭店的过错。

### 思考题

1.饭店为什么要以“诚信”为本?

2.该案例中饭店存在哪些需要改进的地方?

案例 28

## “严禁”与“请勿”

### 内容提示

饭店的规章制度、对客人服务的承诺以及饭店的形象都可以通过文字的形式呈现在客人面前。绍兴市某饭店通过自己的文字用品体现了待客的真情挚意和环保意识。

### 案例正文

某市机械进出口公司戴副总经理陪同几位泰国客人游览我国著名文化古城绍兴市,下榻在该市某星级饭店。

办好住店手续,戴副总和几位泰国客人各自进入房间,服务员温文尔雅的举止和恰到好处的言谈使戴副总不由得叹道:毕竟是文化古城的人,处处显出儒雅之态!

因为白天一连游了兰亭等好几处名胜,戴副总感到脚软腿酸、浑身乏力,脱下皮鞋便一头倒到床上。

“丁零零……”忽然电话铃响了,原来是同来绍兴的一位泰国朋友从隔壁打来的,询问国际电话如何打。戴副总翻开《服务指南》,把打电话的程序

原原本本翻译成泰语告诉他。戴副总忽然一眼瞥到一串很有新意的句子:

"请您用正楷全称填写住房登记表。"

"请写清您的房间号码。"

"请您不要将客房改变用途。"

"请您使用客房内的保险箱。"

……

戴副总似有很深的感触,回过头去,一眼瞅到床头柜上有一块写着"欢迎参加我们的环保活动"的醒目牌子,上面写道:"欢迎参加我们的环保活动,您只需在离开房间前做几件事:将房间的灯熄灭,关掉暖气、空调、电视、收音机;减少被单、浴巾的更换次数,节约用水。我们绍兴的全体同仁对您为节约大地资源所做的一切表示衷心的感谢! 对环保活动有何建议,请拨通分机7。再次对您表示感谢。"牌子的另一面则写着:"床上请勿吸烟。"

戴副总脑海中立刻浮现出另一幅画面:3天前,他们一行在另一座中等城市的一家规格不低的酒店里,床头柜上白底红字:"严禁床上吸烟!"后面还有一个不容疏忽的大叹号。在这儿,"严禁"换成了"请勿",戴副总感到非常亲切。他一时兴起,躺不住了,干脆朝四周环视,看看还有什么新奇事儿。喏,那不是,镜台上有块色彩素淡的牌子,上面写着几行字。他提起牌子读起来:

"为了您的方便,客房内已为您提供了备用物品,这些物品是客房备用物品的一部分。请您协助服务员做好房内设备、用品的保管、保养工作。如因使用不当而造成房内设备损坏和用品失少等,饭店将向您收取一定的费用作为补偿。如果您想选购,请与客房部联系。"

戴副总又转到卫生间,贴在梳妆镜旁边的草绿色的牌子留住了他的目光:"在世界各地千万家旅馆中所使用的床单、浴巾每天都需要更换清洗,用掉了以几百万加仑计的水和以吨计的清洁剂。通常我们每天都对客人的浴巾、毛巾进行换洗,如果您觉得不必要时,请将继续使用的浴巾、毛巾放到毛巾架上;如果需要换洗,请将它们放在梳妆台下的藤筐里。"

他越读越觉得字里行间充满了文明礼貌与环保意识,不禁拍案叫好!

## 评析

1.饭店尽管都把"客人是皇帝"作为服务的金科玉律,然而在具体细节上却常常与此相悖。例如饭店的《服务指南》中,"必须"、"应该"甚至"严禁"之类的词语大可信手拈来。对"皇帝"竟敢以严词劝诫,显然有悖情理,"皇帝"们读了那样的《服务指南》一定不舒服。大堂内挂着的"宾至如归"的牌子与那些"必须"、"不准"、"应该"等词语出现在同一家饭店,常会使人产生一种滑稽的感觉。绍兴的饭店在这类告示中以"请"字取代那些生硬的词语,很有见识,体现出饭店对客人应有的礼貌。

另外,那块镜台上的牌子上的内容字里行间浸透着饭店待客的诚意,回避了多数饭店惯常使用的"如有损坏,照价(甚至还有加倍)赔偿"之类冷峻的语言。有些客人确实会随意取走房内的物品,随之而来的一定是不愉快的交涉、争辩。这段文字中的"如果您想选购"等用语内涵清楚,但不失礼貌。

2.人类保护环境的意识产生于20世纪70年代,到1992年联合国召开环境与发展大会,通过了《里约热内卢宣言》和《21世纪议程》,标志着世界进入了一个"保护环境,崇尚自然,促进可持续发展"的崭新时代。随着20世纪90年代世界进入环保时代、绿色时代,饭店经营中提倡环境保护意识逐渐成为广大从业人员和消费者的共识。人们把讲究环保的饭店称为"绿色饭店(Green Hotel)",于是创建"绿色饭店",充分利用资源,减少资源消耗,减少污染,一时成为饭店管理者高层次、高境界的追求目标。客房是饭店的主体,客房用品的合理使用和消耗是合理利用饭店资源、减少污染的重要构成因素。绍兴该星级饭店员工对创建"绿色客房"做了不少努力。他们在客房卫生间和卧室的床头柜放置环保宣传卡(节能卡),动员客人减少毛巾或床单的洗涤,以节约水资源、洗衣粉和减少污水排放;将塑料制品换成可重复使用的物品,例如把塑料洗衣袋换成布质洗衣袋等,既顺应了客人节约资源、保护环境的良好意愿,又有助于"绿色客房"的创建。绍兴该饭店所做的是两全其美的好事,是值得同行们学习的。当然,创建"绿色客房",节约能源,减少污染,应该以满足客人需求为前提,过头了就是不合理。比如,客人要求换的床单、浴巾不换,以节约资源为名,减少必备的香皂、牙具等用品,给客人带来不便和尴尬,那就违背了"绿色饭店"的宗旨。

### 思考题

1.什么叫"绿色客房"?

2.设计一环保卡的用语。

案例29

## 深夜客人不见了钱包

### 内容提示

深夜11点40分,1203房的李先生给客房部经理打来电话,声称到其房间进行按摩的小姐偷走了钱包，一口咬定要宾馆赔偿。

## 案例正文

一天晚上11点40分，某三星级宾馆客房部吴经理接到总机来电，要求马上处理1203房李先生钱包被偷事件。事情经过是这样的：客人李先生于晚上10点打电话到宾馆桑拿中心叫了一位按摩小姐按摩，至11点，有朋友和宾馆中餐部张经理一起来访，互相交换名片，共交谈5分钟，当时客人的名片就是从钱包掏出，钱包是从挂在衣架上的皮夹克口袋里面掏出来的。朋友走后，客人进洗手间1分多钟后继续按摩，按摩够时后，客人从裤袋取钱付给小姐，小姐于11点35分离开，而后，客人想找钱包看一看张经理的名片，结果钱包不见，一口咬定是按摩小姐所为，要宾馆赔偿。

听完汇报，吴经理马上决定分两路调查事件，一路由保安部找该按摩小姐调查，一路自己亲自带一名保安赶到现场。吴经理认真、仔细地听完客人的诉说后，握着客人的手，用征询的语气说："我们一起来分析刚才的事件，探寻解决办法好吗？"客人欣然赞同，于是他把早已思考好的四步解决方案说了出来：第一步，先证实客人的钱包11点5分还在房间皮夹克里；第二步，要搞清楚11点5分至11点40分客人的房间除按摩小姐是否还有外人进入或客人本人是否离开过房间；第三步，看是否能在房间找回钱包；第四步，如上述第一、二步成立，第三步也找不到，那问题就出在按摩小姐身上。

通过核查，中餐部张经理证实客人钱包11点在客人的皮夹克口袋；宾馆监视系统证明按摩小姐于11点35分离开该房间，再无人出入；此时小心实行第三方案，客人把衣服和裤子的口袋都翻过来，仍不见钱包。吴经理要求亲自检查一下皮夹克，客人说已找过五六遍了，只见吴经理提起皮夹克领子，另一只手从上抓到下，当抓到皮夹克袖口时停顿了一下，只见吴经理舒了一口气。为了不让客人丢面子，他吩咐客房服务员和保安先离开房间，在办公室等他。原来，客人放钱包时，钱包正好夹在袖口处，被吴经理细心地发现了。找到了钱包，请求客人看看证件和钱物都不少。过后，客人写了一份感谢信表示他的歉意和感谢之情。

## 评析

本案例通过客房部吴经理处理客人钱包遭偷事件，反映了客房部经理正确判断和果断处理问题的能力。

1.吴经理接到客人报案后，并没有光凭客人的一面之词就轻率地判定是按摩小姐偷了客人的钱包(社会上对按摩小姐颇有微词)，而是兵分两路调查情况，不放过任何一个疑点和细节。

2.吴经理用征询的语气说:“我们一起来分析刚才的事件,探寻解决办法好吗?”表明饭店是与客人站在一起维护客人利益的,这样就取得了客人的认同,为问题的解决奠定了基础。

3.吴经理凭着自己的经验和判断,力求一个“快”字,冷静地通过逻辑推理和占有证据,迅速化解了可能影响较大的事件,同时又给客人留足了面子,使客人对酒店的管理和服务水准留下了深刻的印象。

### 思考题

吴经理是怎样给客人留面子的?

案例 30

## 叫早观日出

### 内容提示

登泰山观日出是游客到泰山旅游的一大乐事。某宾馆为住店客人提供了周到的服务。

### 案例正文

在泰山之巅南天门附近的某宾馆,是建于高山顶上的三星级酒店。

登泰山,可以放眼看天下,可以欣赏瞬息万变的云海晚霞,但最迷人的还数观看日出。在泰山顶上观看红日从地平线跳出,然后冉冉升腾成一颗通红的火球,真是人间一大景观!住在某宾馆的客人几乎都是冲着观看日出而来的。

上海某大学来的两名学生从早上 8 点起开始步行上山,从山脚到中天门有车子送,他们不坐;从中天门到南天门有缆车,他们也不乘。两个学生就是要徒步登山,一路走走看看,爬到山顶已是晚上 6 点,两腿似灌了铅般地沉重。两个学生到了宾馆随便吃了点晚饭便倒在床上,他们担心第二天早上 4 点钟醒不了。

两个小伙子实在太累了,头一触枕头便呼呼入睡。也不知睡了多长时间,稀里糊涂之际耳畔传来“砰、砰”的敲门声,只听得有人在门外嚷道:“各位客人,请起床啦!要看日出得赶快啊!”两个小伙子听到有人喊叫,一骨碌从床上爬起,抓起衣衫便往房外冲,只见走廊里服务员还在一间间客房挨着叫客人起床。小伙子低头一看手表:4 点正!



宾馆大堂处已有几位起得更早的客人在等候同伴。两个小伙子正要推开入口处的大门，总服务台一名服务员喊住他们："嗨，两位先生，穿棉大衣去，清晨山顶极冷，不穿大衣会感冒。"两个小伙子犹豫了一阵。

"租借棉大衣是免费的，这是宾馆的服务项目，快来取吧。"服务员催促道。

两个大学生随着人流到达山顶，果然见到人山人海，清一色穿着军绿色的棉大衣。早上也真够冷的，山下34℃，山顶凌晨却是0℃以下，没有棉大衣还真受不了。

## 评析

饭店的对客服务既是一门技术，也是一门艺术。本例中某宾馆凌晨向每位客人提供叫醒服务和免费出租棉大衣是两个极有特色的服务项目。顾客满意理论告诉我们，顾客的满意程度取决于顾客实际享受的价值是否大于顾客期望的价值，实际享受价值高于顾客的期望值，顾客的满意程度就高；反之，则低。该宾馆为两位大学生带来了两项意外惊喜，一是他们并没有要求"叫早"服务，但宾馆却给他们想到了；二是凌晨观日出天气寒冷，宾馆提供了棉衣租借服务，而且突破一般宾馆的惯例，免费租借，给客人以意外的惊喜，使客人得到了超值享受。

在异常激烈的市场竞争中，各家酒店都要有一些过硬的"拳头产品"。此类产品的开发应当突出"特"、"新"、"奇"几点，必须站在客人的立场上，最大限度地满足客人的各种要求。目前，我国酒店服务内容过于贫乏，大多数酒店着眼于毫无个性的规范化服务，不考虑本酒店客人的具体需求，更不去重视个别客人的特殊要求。该宾馆能够结合本店客人观看日出的需求，在服务内容中增加"叫早"服务和免费棉衣租借服务，很能给人以启迪。

## 思考题

1.为什么说对客服务既是一门技术，又是一门艺术？

2.满意加惊喜是本案例优质服务的真谛，讲一件你自己曾享受过的优质服务的案例。

案例31

# 公寓客房应该何时清扫

## 内容提示

某饭店是一家四星级的饭店。它是集饭店、公寓和写字楼为一体的综合性企业，公寓房和饭店楼层客房的清扫时间是否应该一致，客房部张经理动员大家想办法。

### 案例正文

某饭店的高档公寓内，德国一家大公司包租的楼层里新入住了一批客人。

上午8点，服务员小瑛来到1205套房门口。门上没挂任何指示牌，她便轻轻敲门，准备打扫客房。门开了，男主人立在门侧。

“先生，您早，可以打扫吗？”小瑛柔声问。

小瑛进门一看，客厅餐桌上放着牛奶、糕点、茶杯、报纸……

看来，女主人已带孩子上学去了，但男主人还在边吃早餐边看报。客厅已无法整理，小瑛迅速清扫卫生间、厨房。男主人依然坐着，一言不发。

小瑛回去迅速向主管、部门经理汇报。张经理马上意识到，原来的程序中清扫、整理的时间定得太死。程序的制定应以方便客人、不打扰客人为原则。张经理为此动员大家动脑筋、想方法，如何使操作程序更加完善。

“以我多年从事客房管理的经验看，统一规定清扫时间，方便员工操作和领班、主管检查。”某主管说。

“不，公寓与饭店不同，必须根据合同提供服务。”

“是啊，但合同里没有规定提供服务的具体时间啊。”

小瑛突然插话：“是否可根据每个租户的生活起居规律、习惯、禁忌，选择最佳服务时间呢？”

对此张经理归纳说：“我们是四星级饭店，大家对客房服务比较熟，但公寓星级化服务是新课题，需要不断摸索、分析、归纳，以寻找为客服务的最优方式和最佳时间。因此，我建议，每位员工均要掌握所有客人的作息时间、工作方式、个人生活习惯以及对清洁卫生工作的需求。在充分调查的基础上，安排工作时间和顺序，形成新的服务规范，提高服务质量。”

于是，分管公寓楼的客房部全体员工眼看、口问、手记，经过一段时间的积累，初步掌握了每位客人起居的规律，并在此基础上对工作时间作了合理安排。以小瑛分管的11、12楼日常卫生工作为例，情况如下：

8:00～8:20 清扫11楼走廊；

8:20～9:40 清扫11楼8间客房的卫生间、厨房（厨房仅负责收集垃圾）；

9:50～11:10 清扫12楼8间客房的卫生间、厨房；

11:10～12:30 清扫12楼走廊；

12:30～13:20 清扫11楼其余的4间客房；

13:30～14:20 清扫 12 楼其余的客房；

14:20～16:30 处理其他工作及公共区域卫生。

### 评析

这又是一则涉及怎样处理好饭店服务程序与客人特殊需求关系的案例。

公寓的清洁卫生工作与饭店客房的清洁卫生工作有极大的不同，在服务项目、方式、时间上弹性很大，一般说有三种情况：①租户聘用私人保姆来干；②租户自己动手从事部分工作；③公寓服务员承担。规范的租赁合同有所规定，但主要限于服务项目，还多限于卫生间、厨房、客厅，卧室则根据客人的需求而定。

公寓的服务时间受租户的起居时间影响。由于欧美客人习惯于过夜生活，早晨起床较晚，故当客人未起床或在做饭、用早餐时，服务员进房做卫生工作是极不礼貌的，也很不方便。因而，服务员、领班、主管均应熟悉并掌握租户的生活规律，适时进房做卫生工作。比如，周一至周五，以上午 8 点 30 分以后为佳，周六、周日要推迟到 9 点 30 分乃至更晚些。

当然，时间的推迟会给质量检查带来一定困难，也会影响服务劳动的效率。由于大部分租户喜欢自己购买生活用品(包括某些床上用品)，公寓对客用物品极少配备。因此，公寓的服务项目较少，服务员的劳动强度也较低。然而，虽然劳动强度不大，但服务员每天上下楼或在各房间交叉走动的时间却较长。这是由公寓服务劳动的特殊性决定的，计算工作量时应适当考虑。为了少影响租户的休息，周六、周日的服务质量检查应以抽查为宜。

### 思考题

公寓客房的清洁整理有哪些基本规定？

案例 32

## 留在门锁上的钥匙

### 内容提示

客房服务员在巡视楼层时，发现 712 房门锁上插有一把钥匙，经调查，原来是 712 房客人酒后出门，忘记将插在锁头上的钥匙取走。

### 案例正文

晚上 9 点光景，重庆某宾馆 7 楼服务员小史在巡视楼层时突然发现 712

房门锁上插有一把钥匙。这种情况在该宾馆是不多见的,当时他脑子里闪过一个念头:应敲门进去把钥匙交给客人,并叮嘱客人要小心保管好钥匙,以免个人财物遭窃。

他在门上轻轻叩了三下,里面没有任何动静。他想可能是客人在洗手间,放水声哗啦哗啦响,叩门声就听不到了。于是他又按了一下门铃,等了半分钟,仍不见客人出来,于是便给保安部打了个电话,请他们派人来了解情况。

3分钟后,保安员小吉来到了7楼,两人打开房间,房内不见一人,东西杂乱,茶几上还有半瓶没喝完的烈性酒和一些肉骨鱼刺。看来客人是酒后要出门,半醉半醒、稀里糊涂地把钥匙插进门锁便走开了。

经过10分钟的寻找,终于在宾馆歌舞厅找到了712房的客人。客人来自甘肃,是某公司的营业代表,姓鲁。从交谈中得知,鲁先生在餐厅用餐时喝了少量的酒没过瘾,便到商场买了瓶烈性酒,独自在房内享用。后来,他又想到歌舞厅坐坐,便离开房间了。他想不起关门的动作,更想不起钥匙还留在门锁上的事。

"鲁先生,我想问一下您来歌舞厅有多久啦?"小史有经验,他觉得有必要了解钥匙留在门上的时间。

"……"鲁先生一时愣住了,过了一会儿说,"大约一个小时吧"。

"请您先到房里看一下,有没有东西丢失,好吗?"保安员小吉出于职业的敏感,向客人建议。

三人回到房间,鲁先生前前后后检查一番,没有发现任何失窃现象。小吉告诉客人要妥善保管好钥匙,万一丢失物品,于宾馆、于客人都不愉快。

小吉和小史立即把这一情况向值班经理作了汇报,值班经理思索一下后说,由于钥匙留在门上已有一个小时,这把锁的保险性已大大降低,必须马上更换新锁。

几分钟后,工程部夜间值班人员已经在给712房更换新锁了。

### 评析

保管好钥匙是酒店安全管理和安全服务的重要内容。

本例中的甘肃客人在醉意朦胧中下意识地把钥匙插进门锁,并忘了取出,这种情况极易导致意外事故的发生。重庆该宾馆值班经理下令更换新锁,这是有高度安全意识的表现。

全国各地客房钥匙的管理办法很多,但归根结底一句话,不管采用哪种办法,保障安全是首要的考虑。宾馆员工发现客房门锁上留有钥匙,通常应先与房内客人联系,并向客人提出忠告。若是客人离店时不慎把钥匙遗留在房内,服务员应立即把钥匙交给客房当班主管或总台。

客人办完入住手续后便成了该房的主人,除客房服务员打扫卫生或保安人员履行公务外,任何人不得擅自进入该房。如果餐厅服务员送餐进房或收取餐具、工程人员进房修理设备、行李员前来提取行李、商务中心人员递交急件,遇到客人不在房内时,一般都应由楼层服务员开启房门,直到那些员工离开客房,楼层服务员方可最后离开。

客房部员工上班领取所辖客房钥匙时,都必须在登记本上签名,下班后亲手将钥匙交给值班员,值班员收到钥匙后要验收,还要签名。

对于楼层的万能钥匙尤其要严加保管,通常放置在客房值班室的钥匙柜内,领取或使用万能钥匙务必要有严格的制度。

### 思考题

1.试述饭店客用钥匙的管理方法。

2.案例中怎样体现了客房员工的安全意识?

案例 33

## 一起饭店涉外抢劫杀人案

### 内容提示

美国某公司的一名工程师在我国一家饭店被犯罪分子杀害。虽然作案歹徒在案发后一周之内即被送上了断头台,但饭店方面的损失也是极其惨重的。时至今日,这一饭店涉外抢劫杀人案件的始末与细节仍触目惊心,案中的许多情况和教训应引起饭店同行的思考。

### 案例正文

1998年3月23日晚,在我国南方某市一家饭店的605房间,一名美国人被杀死。受害人是来自著名的美国某公司的工程师。案件引起了各方面的高度重视,国内外传媒纷纷予以报道,社会上一时间闹得沸沸扬扬。地方政府为此紧急召开了一次旅馆业治安管理专题会议。该市成立了由市公安局局长坐镇指挥的“3.23”案件侦破组。此案仅用了一周时间就被神速侦破,歹徒也被送上了断头台。

外国客人在饭店内死亡,其后果是非常严重的。该饭店除赔偿客人家属的巨额费用外,还被处以罚款和停业整顿;失职的客房管理人员被拘留。

饭店形象及经营管理方面的损失极其惨重。

## 评析

在当前治安形势下，犯罪分子把饭店作为一个重要的作案场所，将魔爪伸向饭店的住客，抢劫甚至杀死住店客人。“3.23”案件中的许多情况应引起饭店同行的高度重视。

第一，从“3.23”案件看犯罪分子作案手法的特点，有以下方面：

①摸清情况，准备充分，伺机作案。犯罪分子把饭店住客作为抢劫的对象，抢劫通常发生在客房内。由于在饭店内作案，而饭店不同于其他公共场合，歹徒在作案后必须有足够的时间离开现场，未暴露前就逃离饭店。因此，歹徒一般都事先摸清了情况，并经过了十分周密的策划、安排。通常作案同伙有2～3人。“3.23”案中的主犯曾于犯案前的3月19日入住该饭店，20日退房，目的是到饭店熟悉情况、物色目标。3月23日主犯再次入住饭店，所开的房间正在詹姆斯所住的605房的隔壁，目的当然是便于作案。另外，为了作案后能及时逃脱，案犯事先已联系好饭店门口的出租车，让出租车在指定位置等候。作案前，他们聚集于603房。这说明罪犯在抢劫杀人前已做好了一切必要的准备工作。

②罪犯往往以住宿为名，成为饭店的客人，以赢取饭店工作人员的尊重和信任。罪犯很明白这一心理，就是一旦成为饭店的客人，就受尊重、很自由。饭店工作人员为了尊重客人，一般不会打扰客人和干涉客人的活动，更不会盘查客人。本来“3.23”案中只有一个主犯以“张春生”的名字开了603房。登记时是1人住宿的，但案发后却发现房间里有多人饮用的饮料和食品，有多人住宿过的迹象，这又充分证明罪犯早有集体作案的预谋和准备。之所以3人同处一室在店内活动没有受到怀疑，就是因为主犯领取了饭店的“通行证”，而使服务人员放松了警惕。

③罪犯不会以真实身份入住饭店。罪犯通常都会改名换姓，不以其真实身份入住饭店，甚至前后入住饭店分别持不同的身份证进行入住登记。这些证件均系盗抢而来。其前后签名的字迹也故意弄成不一样，以给日后的侦破工作制造障碍。“3.23”案的一个主犯在3月19日入住时是以“石磊”的名字登记的，而在3月23日则是以“张春生”的名字登记的。

④罪犯往往以服务员提供开水、工程人员进房维修为名，骗取住客开门，实施入室抢劫。“3.23”案发前，罪犯事先已物色好一个女子，由该女子冒充服务员，敲响605房间的门。詹姆斯以为是服务员送水来了，就把房门打开。瞬间，三条大汉冲进房间，并将“请勿打扰”的牌子挂在门上，随手将房间反锁。

此案的3名案犯曾于1998年3月21日入住广州某饭店，抢劫了隔壁房。当时是以进房维修电话为名，骗取客人开门，持刀冲进房间，捆绑客人，劫走价值人民币13 700元的财物。两起案件的作案手段基本相同。

⑤"请勿打扰"牌被罪犯作为保护措施加以利用。通常来讲，住客在房门上挂上"请勿打扰"的牌子，是不欢迎服务员敲门服务的。罪犯就是利用"请勿打扰"的牌子，麻痹了许多饭店工作人员的警惕性。在"3.23"案中，工程师曾与歹徒展开过激烈的搏斗。事实上，搏斗时的声响已引起服务人员的警觉。当时，有一名女服务员正在5楼收拾房间，感觉605房内好像有人在打架，于是立即通知客房主管。客房主管马上到605房门口，敲了两下门没有回应，见门上又挂着"请勿打扰"的牌子，心想没事就离去了。该客房主管敲门后房内毫无反应，当然应引起警觉才对。

对于"请勿打扰"，我们不妨采取一些可以接受的方式，如通过大堂副理打电话到房间问候客人、征求意见等，灵活地"打扰"一下客人，也许能掌握一下房间的动态。偏偏这个客房主管没把异常情况当回事，以至酿成恶性悲剧。

第二，我们可分析犯罪分子选择饭店作为作案地点的原因：

人们的一般印象是：出入饭店的人通常都有良好的修养，素质较高，经济条件优越。加上饭店很重视安全，因此在一般人看来饭店是一个相对安全的地方。为什么犯罪分子要选择饭店作为抢劫场所呢？为什么在饭店作案容易得逞呢？笔者认为主要有以下几个原因：

①饭店客人最易成为抢劫的目标，尤其是外籍客人。通常来讲，他们所带现金财物较多，自然成为犯罪分子物色的对象。

②客人在饭店时的安全意识不强，容易产生麻痹心理。"宾至如归"是饭店服务追求的目标之一，这使客人对饭店的安全很有信心，他们往往对饭店的安全保障产生依赖心理，自我防范意识不够。

③饭店服务人员的警惕性不高。由于饭店奉行"顾客至上"的原则，往往对住客放松警惕。犯罪分子正是利用这一心理，在饭店开房，成为饭店备受尊重的客人，然后伺机作案。

④罪犯在作案时具有隐蔽性。由于饭店只在公共区域设有监控设施，一旦罪犯入室作案就很隐蔽。而且，作案后罪犯有条件和时间在房内对紧张情绪进行心理调整。

⑤罪犯作案后容易逃脱。罪犯一旦作案完毕，离开饭店时，即使碰到饭店员工且引起员工的怀疑，一般情况下，员工出于尊重也不会阻拦。如在"3.23"案中，女服务员听见605房间的响声，感觉有异常情况，已有所警觉。

但是，当她准备去房间察看时，虽在楼梯口碰到3个神色可疑的男人，也不好或不敢阻拦。3个歹徒很快就搭上预先约好的出租车，上高速公路逃脱。

第三，从"3.23"案件中我们再看一看饭店涉外杀人案的性质及影响。外国客人在饭店内死亡是一个非常棘手的问题。它牵涉的单位很多，影响极大，处理程序比一般的杀人案件要复杂得多。这方面国家有严格的规定。一般来说，饭店需通过政府有关部门迅速通知死者所属国驻本辖区的使、领馆。如"3.23"案件，由于案情重大，就曾向省公安厅、公安部和外交部通报。美国驻该市领事馆、驻北京大使馆也派人或发函了解案情。这说明涉外杀人案件的性质很严重，影响极其恶劣。此案案发的第二天，国内外传媒纷纷予以报道，社会上一时间闹得沸沸扬扬。地方政府还为此召开了一次旅馆业治安管理专题会议。饭店方面除赔偿外，还要被处以罚款和停业整顿，失职的客房管理人员被拘留，损失的惨重是可想而知的。外商和港澳台同胞也十分关注这一事件。恐怕这一切严重后果，作为饭店的从业人员当初是不曾料及的，起码低估了涉外杀人案件的影响。犯罪分子把住店客人作为其谋财害命的目标，对于饭店来说，尽管各级从业人员高度重视安全工作，但总是处于被动地位，防范确实不易。因此，饭店之间以及饭店与公安部门之间应加强联系；还要加强研究犯罪分子的作案心态和作案手法，提高饭店人员的安全意识，落实防范措施，尤其是要防止抢劫杀人等恶性案件的发生。

### 思考题

1.怎样理解"饭店安全重于泰山"？

2.为什么犯罪分子会选择饭店客房作为作案的地点？

3.通过本案例，我们应吸取怎样的教训？

案例34

## 客人拿走衣架

### 内容提示

一位住店客人临走时拿了房间内的四个衣架，衣架属于饭店的非赠品，但客人就是不肯拿出来，客房服务员犯难了。

### 案例正文

某大酒店，中午用餐时间，员工食堂内大堂副理朱小姐刚准备享受美餐。一位客房服务员匆匆跑来,气喘吁吁地说:"大堂副理,客人拿了酒店的衣架,不肯交出来,你快去看看。"

"怎么回事?"大堂副理边走边问。"客人拿了四只衣架,硬是不肯交出来,我们实在没办法说服他。"

前台收银柜旁,大堂副理微笑着走向客人:"您好!我是大堂副理,能帮助您吗?""我是拿了四只衣架,怎么样?要退还你们,自己去包里取。有的酒店洗衣之后都奉送衣架,你们凭什么说我私拿?"客人气愤地嚷着。大堂副理想:"该客人一定不知道酒店衣架不属于赠送品,但知道后又死要面子,不肯承认。"于是便微笑地对客人说:"有些酒店洗衣是奉送衣架,但我们酒店尚未实行。我可以向总经理建议,以后有可能会实行。您的衣服一定比较怕皱,所以才用衣架衬着,拿出来也不太好,不如您付成本价买下这四只衣架吧!"客人平静下来,无奈地说:"好吧,多少钱?"大堂副理知道每只衣架的补偿价格为5元,便对账台说:"收20元吧,按成本价计算,不要加别的费用了。""对不起,耽误您结账时间了,欢迎您下次再来。"她又转向客人微笑着说。

客人结完了账,大堂副理微笑着与他道别,目送他远去,然后,又回到员工餐厅去继续吃她的午餐。

## 评析

衣架属非赠品,客人带走是需要付补偿费的,但客人碍于面子,就是不肯返还饭店。怎样才能既不伤客人的面子,又能使饭店的财产不受损失呢?本文中的大堂副理恰到好处地为我们展示了她把"对"让给客人的艺术。

1 当客房服务员将客人拿走衣架的事告诉大堂副理后,大堂副理走到前台收银柜,不是直截了当地质问客人为什么要拿走衣架,而是微笑地走向客人问"能帮助您吗"。这就使客人感到大堂副理不是他的对立面,而是来帮助他的,无形中拉近了双方的距离。客人对大堂副理有了认同感,也就为问题的解决奠定了基础。

2.当客人强词夺理,以"有的酒店洗衣之后都奉送衣架"为由不承认"私拿"饭店的衣架时,大堂副理即附和其说法:"有些酒店洗衣是奉送衣架",给客人以足够的面子,但马上语锋一转:"但我们酒店尚未实行。"巧妙地向客人暗示,衣架在我们饭店仍属非赠品,维护了饭店的利益。同时又再给客人面子:"我可以向总经理建议,以后有可能会实行。"把客人的理由当成建议来接受,顺了客人的心,同时表明这只是一种"可能",又维护了饭店的利益。

3."您的衣服一定比较怕皱,所以才用衣架衬着,拿出来也不太好",大堂副理又进一步在众人面前帮客人找"正当"理由,婉转地表明他不肯从包里取还衣架的原因，再次给客人以面子。

4.大堂副理明察秋毫，建议客人“不如您付成本价买下这四只衣架”，并对账台说“不要再加别的费用了”，既满足了该客人爱贪小便宜的心理，又让客人按酒店规定的衣架补偿价格支付了费用，双方皆大欢喜。

5.大堂副理把由于客人的原因耽误的结账时间说成是“对不起，耽误您结账时间了”，又一次把“对”让给客人，将一起补偿纠纷变成了使客人满意的结账离店的过程。

### 思考题

该案例是怎样让客人和饭店“双赢”的？

案例35

## 意见卡

### 内容提示

为了搞好与顾客之间的沟通，饭店常采用在客房内放置顾客意见表的方式，以方便顾客向饭店反映其要求和意见。饭店则及时按客人的意见改进服务质量，努力满足客人的合理需求。某饭店的意见卡便真正发挥了其应有的作用。

### 案例正文

为争取早日成为一家四星级饭店，苏州某饭店特地开设了一个行政楼——翡翠楼，为客人提供特殊服务，例如休息厅内免费供应早餐和下午茶；客房主任随时为客人提供商务洽谈的场所或解决电传、打字、翻译等方面的问题；还为客人提供新加坡、香港等地的报纸和各种咨询等，一年来深获客人的好评。

为进一步提高服务质量，他们又强化了意见卡的作用，真正做到虚心接受意见，有则改之，无则加勉。

从新加坡来寻找投资对象的姚先生才在翡翠楼5楼住下3天，已先后和4家当地大公司的领导进行了试探性的接触，并在他们的邀请下作了考察。每到晚上他独自冷静思索时，总觉得手边还缺少些什么。那些客人滔滔不绝地介绍，他走马观花似的兜了一圈，可就是不知道那些地方的精确位置和周围环境、交通、商业等情况。他缺少的是一张苏州地图。



当天晚上，他从《服务指南》中取出饭店征询客人意见和建议的意见卡写道:“希望饭店能提供苏州最新地图。”.

第二天早上,姚先生被一家公司请出去了,午餐后回来,发现《服务指南》中已经添了一本最新版的苏州交通地图。对于该饭店的办事效率,姚先生暗自称道。

当晚,姚先生临睡前在沙发上读《苏州日报》,在调整落地灯的亮度时,觉得旋钮开关有点滑牙,旋了好久,灯的亮度才变动一点儿。他在意见卡上又写了一条意见。

第二天中午,客房部主任按响门铃,首先对姚先生帮助饭店改进服务质量、直率提出意见一事表示感谢,接着便询问他对落地灯旋钮开关修理结果是否满意。“已经修好了?”姚先生感到诧异,他试旋了一下,果然已与昨晚大不相同。

## 评析

几乎每家饭店都在《服务指南》之类的夹子里放着客人意见卡,但往往流于形式,而苏州某饭店的意见卡却真正发挥了其应有的作用。评判饭店服务水准高低的依据是客人的感觉,而不是饭店的自我感觉,因此有些国外饭店管理专家曾说过,在很多情况下顾客比饭店管理者更高明。饭店如要改进服务质量,最好的办法是让客人参与管理。听取客人意见,并努力遵照客人的意见改进服务质量,就是请客人参与管理的表现。

果然,由于该饭店全体员工的努力,国家旅游局给该店颁发了四星级证书。

## 思考题

1.怎样才能发挥意见卡的作用?

2.设计一份宾客意见卡。